단계별로 계획을 추진하는 힘

실행력

단계별로 계획을 추진하는 힘

실행력

로버트 네이만 지음 | 정진욱 옮김

Pegasus
페가수스

실행력은 조직의 역량을 한 단계 올려놓을 수 있는 대단히 중요한 요소다. 그럼에도 불구하고 지금껏 알게 모르게 간과되어 온 부분이기도 하다. 많은 사람들은 실행력을 '당연하고 기본적인 능력'으로 간주해 버리는 잘못을 범한다. 하긴 관리자들이 매일 추진하는 것이 실행이다 보니 새로울 것도 없다. 하지만 대다수 조직에서 부족한 것 역시 실행력이다.

실행력은 그 중요성에도 불구하고 뒷전으로 미뤄두거나, 당연한 것으로 치부되거나, 심지어 고리타분한 이야기로 간주되어 왔다. 그래서 실행력이 하나의 강력한 경쟁우위 요소가 될 수 있음에도 불구하고 오랫동안 두꺼운 장막에 가려져 있었다. 나와 내 동료들은 지난 40여 년간 다양한 조직들이 성공적으로 목표를 달성하고 실행 역량을 기를 수 있도록 도왔다. 하지만 그 오랜 기간 동안 실행력이라는 주제가 세간의 이목을 끈 적은 한 번도 없었다.

하지만 이제 상황이 바뀌었다. 래리 보시디와 램 차란이 《실행Execution: The Discipline of Getting Things Done》이라는 책을 통해 그 장막을 걷어냈기 때문이다. 이 두 사람은 시간과 예산, 스펙을 준수하는 모범적인 업무 수행이 우수한 성과를 내는 핵심 요소임을 지적했다. 짐 콜린스는 《좋은 기업을 넘어 위대한 기업으로Good to Great》라는 책에서 탄탄하고 기본적인 전략을 유지하면서 단계적으로 조직의 성과를 높이는 실행력의 파워에 대해 역설한다. 니틴 노리아는 지난 10년간 160여 개 기업들을 조사한 결과를 내놓으며 조직의 성공을 좌우하는 핵심 요소로 '전략'과 함께 '실행력'을 꼽았다. 이러한 일련의 연구와 저서들로 인해 드디어 실행력이 관심의 대상으로 부상했다.

경영과 변화에 관한 대부분의 책들은 기업의 지배구조를 책임지는 CEO와 상급 관리자의 역할에 초점을 맞춘다. 하지만 이 책은 업무를 추진하는 모든 이들, 즉 조직의 최상층뿐만 아니라 부장, 과장, 팀장 등 모든 계층의 관리자들을 염두에 두고 있다. 또 지금까지의 책들이 '실행의 구조'에 집중했던 것과 달리, 현장에서 실제로 적용하는 방법을 자세히 설명하였다. 이론이 아니라 실제로 일을 추진하는 아이디어와 도구, 사례를 보여줌으로써 스스로 응용하고 활용하며 소기의 효과를 얻을 수 있도록 하였다. 이 책은 일상적인 업무 속에서 숨어있는 기회를 발견하고, 이를 잘 활용하고자 하는 이들을 위한 지침서가 될 수 있음은 물론 미래의 리더를 개발하는 도구가 될 수도 있다.

이 책의 구조

1부에서는 어떤 목표라 할지라도 정해진 시간과 예산 내에 달성할 수 있는 '실행 12단계'를 설명한다. 이 12단계는 업무 수행을 위해 반드시 필요한 기본 원칙과도 같다.

2부에서는 '실행 가속도'와 '열정'에 대해 설명한다. '실행 12단계'를 바탕으로 조직의 실행 역량과 성과를 구축할 때, 열정은 연료와 같은 구실을 한다. 위기상황에서는 보통 조직 전반에 강렬한 에너지가 흐른다. 정상적인 상황에서는 소규모 혁신 프로젝트를 추진할 때 그와 비슷한 에너지가 나온다. 바로 이 에너지가 열정이다. 관리자들은 단기 목표를 달성하는 소규모 혁신 프로젝트를 통해 작은 성공을 쌓아가면서 단계적으로 목표를 높여갈 수 있다. 또 실행의 원칙들을 실천함으로써 조직의 성과를 가로막는 조직적, 심리적, 문화적 장벽을 극복하는 법을 배울 수 있다.

1부와 2부는 상호 보완적이다. 즉 목표를 효율적으로 실행하면서 동시에 어려운 문제들을 해결하는 방법을 설명한다. 이 책에서 제시하는 대로 성과와 역량을 개선하는 프로세스를 구축해나가면 막대한 투자 없이도 업무 성과와 생산성을 높이고, 혁신과 변화를 유도할 수 있다. 새로운 설비나 도구, 복잡한 시스템, 강도 높은 교육 프로그램을 쓸 필요가 없으며, 현재 가지고 있는 자원만으로 앞으로 30일, 60일 또는 100일 이내에 획기적인 변화를 목격할 수 있게 된다.

여기서 한 가지 질문을 던져 보자. 실행력을 높이는 일은 도대체 왜 중요한 걸까?

첫째, 조직 내에 활용되지 못하고 감춰져 있는 잠재력이 무궁무진하기 때문이다. 화려한 성과를 내고 있는 기업의 이면에도 실행 상의 결함이 존재한다. 시작한 일을 끝내지 않고, 기대 수준 이하의 결과를 내놓고, 시간과 예산을 초과하고, 사소한 실수에서부터 막대한 비용을 잡아먹는 대형 사고에 이르기까지 문제들이 속속 드러난다. 게다가 동료들 간의 갈등과 긴장, 신경전, 정치적인 싸움으로 기력이 다하고 목표 달성에도 심각한 차질이 생긴다. 그렇게 소진되는 에너지만 제대로 써도 엄청난 성과를 올릴 수 있는데 말이다.

둘째, 요즘처럼 디지털화와 초고속 통신망, 글로벌화로 인해 한치 앞을 내다보기 어려운 시장에서는 변화의 개념도 과거와 달라져야 한다. 너무도 많은 조직이 구성원들을 실망시키며 쇠락의 길로 접어들고 있다. 경영자들은 문제의 원인을 바깥으로 돌리면서 그러한 실패를 합리화하기에 급급하다. 하지만 정작 필요한 것은 실행력을 높여 급속한 변화에 앞서 나가는 것이다.

셋째, 사람들은 학교에서, 실무교육에서, 경영자 교육에서 다양한 주제를 학습한다. 하지만 실행의 방법은 어디에서 배우는가? 전략적인 딜레마와 완고한 조직 구조, 정치적인 저항, 미로와 같은 관료주의 행정이라는 현실의 벽을 뚫고 나가는 방법은 어디에서 배우는가? 현실적인 실행 방법은 자기 스스로 배우는 수밖에 없다. 자신이 몸담고 있는 조직에서, 자신이 수행하는 모든 프로젝트에서 실행의 현실을 다시 배워야 한다. 하지만 이 책에 설명하는 체계적인 사고와 규칙을 바탕으로 경험을 쌓아 나간다면 다른 방법으로는 획득할 수 없는 지속 가능한 역량을 구축하게 될 것이다.

실행력의 힘

이 책은 직접적인 경험을 바탕으로 쓴 것이다. 나와 내 동료들은 다양한 업종, 다양한 계층에서 일하고 있는 전 세계 곳곳의 관리자들과 함께 일해왔다. 그러는 중에 실행력을 높이고 그 역량을 조직 내 문화로 발전시키는 과정을 하나의 견고한 프로세스로 개발하게 되었다.

이 책에 제시한 아이디어를 활용하여 불과 몇 주 만에 생산성을 30% 이상 높인 조직들이 무수히 많다. 대책 없이 바라보고만 있던 손실을 몇 달 새에 지속가능한 수익으로 바꾸어 놓았다. 실행 프로세스를 변경한 지 몇 개월 만에 수년이 걸리던 제품 개발 사이클이 수주로 줄어들었다. 정보시스템 구축 시간이 절반으로 줄었고 그로 인한 이익이 크게 늘어났다. 불과 몇 주 만에 사고 상해 건수가 크게 감소했고 사업이 안정적으로 성장했다. 농업 생산량이 몇 달 사이에 세 배나 증가했다. 축 처져 있던 사무실에 생기가 돌았으며 철옹성처럼 완고하던 조직 문화가 열리고 변화가 시작되었다. 이 같은 수많은 성공 사례에서 핵심적으로 바뀐 것은 바로 실행방식이었다.

우리가 여기서 배운 교훈은 다음과 같다.

» 실행력을 높이면 지속적으로 높은 성과를 얻을 수 있다.

» 당면한 목표에 집중하고 단기적인 목표를 달성하는 소규모 혁신 프로젝트를 추진하면 실행의 기술과 프로세스를 구축하면서 실행력을 높일 수 있다.

» 효과가 바로 나타난다. 놀라운 성과와 성공이 반복된다.

이 책은 실행의 기본 틀을 제공한다. 이 책을 읽고 활용하면 당면한 목표를 달성하고, 장기적인 실행 역량을 구축하면서 조직이 추구해야 하는 핵심 전략 목표에 집중할 수 있을 것이다.

CONTENTS

3. 문제를 해결하라

4. 경험에서 배워라

2부······큰 목표를 실행하는 기술

1

목표한대로 실행하기 위한 12단계

1부에서는 '실행 12단계'를 자세히 살펴볼 것이다. 독자들 중에는 "실행을 잘 하기 위해 이 모든 걸 해야 하나? 일이 너무 많은 것 아닌가?"라고 말하는 사람도 있을 것이다. 그러나 명심하라. 실행력도 운동이나 악기, 새 소프트웨어를 배우는 것과 마찬가지다. 연습과 경험 없이는 융통성을 발휘하기도, 창의적이고 효율적인 방식으로 일을 진행하기도 어렵다. 하지만 지금부터 제시하는 실행의 기본 원칙들을 몸에 익혀가다 보면 물 흐르듯 자연스럽게 일을 진행할 수 있을 것이다.

1

성공을 설계하라

책임감과
실행의지를 가져라

실행이라는 주제를 다루기에 앞서 책임감과 실행의지가 목표 달성의 원동력임을 기억하자. 도구와 기술이 아무리 훌륭해도 사용자에게 책임감이 없으면 효과를 거두기 어렵다.

책임감과 실행의지를 갖는다는 말은 여러 가지 의미를 내포한다. 만약 당신이 어떤 프로젝트의 관리자라면 그 프로젝트의 성공에 주도적인 책임을 진다는 말이 된다. 따라서 앞날을 내다보고 무슨 일이 일어날지 예측하며 문제가 발생하기 전에 조치를 취해야 한다. 당신이 프로젝트팀의 일원이라면 오류를 발견하거나 개선의 기회를 발견했을 때 문제를 제기하고 그에 대해 건설적인 조치를 취해야 한다는 말이다.

사업 전체를 혼자서 책임지는 자영업자의 경우에는 책임감과 실행의지가 문제되지 않는다. 일을 추진할 주체가 자기 자신임을 당연하게 자각하기 때문이다. 업무의 성격이 분명하고, 맡은 업무에 대한 열정이 있으며,

조직의 규모가 커서 지원 인력과 자원이 풍부하고, 자신 있게 업무를 처리할 수 있는 관리자들도 마찬가지다. 하지만 그러한 조건이 주어지더라도 리더로서 좌절할 때가 있을 것이다.

주어진 문제가 자신과 무슨 관련이 있는지 알 수 없는 경우도 있다. "왜 내가 해야 하지?" "난 아직 준비가 안 되어 있어. 이건 다른 사람에게 더 적합해." "어떻게 처리해야 할지 모르겠어."라는 말이 튀어나올 수도 있다.

누구나 일을 추진하다 보면, 지연되거나, 예상치 못한 변화가 생기거나, 부하직원이나 팀원이 엉뚱한 일을 하고 있거나, 다른 부서에서 일을 엉망으로 처리하거나, 아니면 그냥 단순한 실수를 저지르는 상황을 경험하게 된다.

그래서 한번쯤 이렇게 말한 적이 있을 것이다. "일 처리를 어떻게 이렇게 하지? 그 사람은 아무래도 교육을 좀 더 받아야 돼." "이건 윗선에서 처리할 일이야." "마케팅 팀에서 지출을 줄이지 않으면 살아남을 방법이 없어."라고 말이다.

이런 말들이 사실일 수도 있지만, 상황이 잘 안 풀려서 다른 사람에게 책임을 떠넘기고 싶은 마음에 내뱉은 말일 수도 있다. 그러나 어쨌든 문제를 시급히 해결해야 할 상황이 닥쳤다면, 애초에 그 문제가 생기지 않거나 악화되지 않도록 자신이 무엇을 할 수 있었는지 자문해보고, 현 상황에서 무엇을 해야 할 지 생각해야 한다. 만약 자신이 스스로 책임져야 할 일이라면 무작정 기다리거나, 회피하거나, 물러서지 말고 정당하게 책임감과 실행의지를 보여야 한다. 물론 이 말이 매 상황마다 강박적으로 책임감과 실행의지를 발휘하라는 말은 아니다.

» 스스로 해결할 수 있는 문제일 때, 책임감과 실행의지를 가져라.

» 자신의 책임져야 하고 반드시 행동을 취해야 할 때, 책임감과 실행의
지를 가져라.

» 다른 사람들의 행동이 나의 책임 영역에 영향을 미칠 때, 책임감과
실행의지를 가져라.

책임감과 실행의지를 갖는다는 건 무슨 뜻일까? 일이 교착상태나 침체기, 딜레마에 빠졌을 때 자신의 책임을 인식하고 적극적으로 문제를 해결하기 위해 나선다는 말이다. 자신의 역할을 생각해 보자. 당신이 상급 관리자라면 큰 방향을 보며 부서원들에게 작업 프로그램과 구체적인 프로젝트를 만들어 내라고 요구할 것이다. 그때 당신은 후원자 역할을 하게 된다. 중간 관리자라면 그러한 작업 프로그램과 프로젝트를 만드는 역할을 할 것이다. 따라서 일련의 프로젝트를 후원하거나, 프로젝트의 리더 역할을 하거나, 때에 따라서는 팀을 이루어 몇 개의 프로젝트를 추진할 것이다. 만약 당신이 직접적으로 프로젝트를 이끄는 사람이라면 곧바로 프로젝트 리더가 될 것이다. 사무직원이나 조언자라면 지원 역할을 할 것이고, 일반 팀원이라면 구체적인 업무를 수행하게 될 것이다.

이 책에서 제시하는 '실행 12단계'는 위에 제시한 모든 역할에 적용할 수 있다. 광범위한 전략적 사안으로부터 구체적 행동 프로젝트에 이르기까지 어느 경우에나 적용이 가능하며, 달라지는 것은 세부적인 내용뿐이다.

이 책은 목표 실행이라는 여정에서 사용할 나침반으로, 특히 목표 달성의 일차적인 책임을 지고 있는 일선 관리자들을 염두에 두고 쓴 것이다.

하지만 후원자나 조언자, 일반 팀원 등 다른 역할을 하는 사람들에게도 유용하다. 왜냐하면 실행의 기본 과정은 누구나 이해하고 활용할 수 있어야 하기 때문이다.

이 책을 제대로 활용하고 싶다면 먼저 자신이 처해 있는 상황 중에서 하나의 사례를 선택하자. 실제 프로젝트를 염두에 두고 책을 읽으면 훨씬 생생하게 와 닿을 것이며, 업무를 보다 잘 수행할 수 있는 방법을 찾아낼 수도 있을 것이다. 다음 체크포인트를 활용해서 적절한 사례를 선택해 보자.

CHECK
POINT

적절한 사례의 선택

- 프로젝트나 업무관리 측면에서 가장 시급하게 처리해야 할 문제는 무엇인가?

- 당신이 달성해야 할 목표는 무엇이며, 이를 통해 당신이 추구하는 최종 목표는 무엇인가?

- 가장 까다로운 문제는 무엇인가?

- 그 일과 관련된 사람들은 누구인가?

- 개선하고 싶은 부분은 무엇인가?

- 당신이 맡은 역할은 후원자, 프로젝트 리더, 일반 팀원, 지원 인력 중 어디에 해당하는가?

추진 과제를
명확히 정하라

당신에게 과제가 주어졌다. 목표를 달성해야 하는 공식 임무가 부여된 것이다. 그 과제에는 당신이 달성해야 할 목표와 진행방법에 대한 지침이 담겨 있는데, 무척 좋은 과제이기 때문에 가슴속으로부터 열정과 도전의식, 에너지가 생겨난다. 당신은 고무적인 표현이 담긴 과제 요약문을 들고 그 과제를 제시한 상사와 함께 자세한 사항을 논의한 뒤, 서로 의기를 투합하며 시작이 좋다는 긍정적인 예감을 공유한다.

이것이 이상적인 시나리오다. 어떤 면에서는 일의 기본이라 할 수 있다. 하지만 그 기본을 제대로 실행하지 못한 채 피상적으로 문제를 바라보는 경우가 많다. 그러다 보니 과제의 내용을 두고 사람들마다 서로 다른 생각을 한 채 모호함과 혼란만 가중되고, 분위기도 고조되지 않는다. 때로는 그냥 조용히 덮어두고 '하던 일이나 열심히 하자'는 생각을 하기도 한다.

효과적으로 일을 추진하고 싶다면 초기에 문제를 정리하고 과제를 분명히 규정해야 한다. 이 단계를 건너뛰거나 대충 얼버무려버리면 전체 과제를 지탱하는 기반이 흔들리게 된다. 애초에 결함투성이인 과제를 하달받을 수도 있지만, 그렇다고 해서 그 과제를 그대로 둘 수는 없는 일 아닌가? 그럼 이제부터 과제의 기본 요소들을 잘 살펴보자.

좋은 과제란 무엇인가

과제에는 '명시적인 이슈'와 겉으로 드러나지 않는 '암시적인 이슈'의 두 가지 차원이 존재하는데, 이 둘을 모두 인지할 수 있도록 설계하는 것이 중요하다.

명시적인 이슈

» 목표: 달성해야 할 최종 성과는 무엇이며, 성공했는지의 여부를 어떻게 측정할 것인가?

» 배경: 이 과제는 왜 나왔으며, 지금 수행해야 하는 이유는 무엇인가?

» 과제 수행자: 이 과제를 완수해야 하는 사람들은 누구이며, 그들이 갖고 있는 권한과 자원은 무엇인가?

» 일정: 주요한 중간 목표와 최종 목표를 달성해야 하는 시점은 언제인가?

» 보고 절차: 진척상황은 누구에게, 언제, 어떻게 보고해야 하는가?

» 구조: 과제 수행자들은 조직 내의 다른 인력 및 기타 핵심 부문과 어떻게 연관되어 있는가?

» 경쟁 과제 및 지원 업무: 조직에서 진행되는 다른 업무들과 어떻게 연관되어 있는가?

» 지침: 이 과제에 영향을 끼치는 정책적인 지침이나 제약은 무엇인가?

» 결과: 이 과제와 관련된 보상과 징벌은 무엇인가?

암시적인 이슈

» 역할: 리더, 조정자, 후원자, 대리인 등 과제 수행자에게 실제로 기대되는 역할은 무엇인가?

» 책임: 과제를 맡는 사람에게 목표 달성의 일차적인 책임을 부여하게 되는가? 아니면 다른 관리자와 함께 책임을 공유하게 하는가? 어떻게 그 책임을 부여할 것인가?

» 역량: 과제 수행자의 기술, 업무 패턴, 관리자적 자질이 이 과제를 수행하기에 적합한가? 부족한 역량을 보강해줄 사람들과 자원이 그 사람의 주변에 있는가?

» 분위기: 과거의 어떤 일에 대한 비난을 덮기 위해 마련된 과제인가? 보다 큰 책임을 맡기기 전에 실시하는 능력 시험인가?

위와 같은 이슈를 제시할 때는 무엇보다 긍정적인 태도를 견지해야 한다. 비판적인 뉘앙스는 방어적인 태도를 유발하기 때문이다. 만약 비판적인 내용이 있다면 별도로 처리하는 것이 좋다.

과제를 명확히 규정하라

일단 과제가 당신에게 과제가 주어졌다면, 그 내용을 명확히 해야 한다. 그리고 당신과 함께 일을 추진할 핵심 멤버들과 같은 생각을 공유해야 한다. 이를 위해 도움이 되는 몇 가지 방법이 있다.

» 상사나 다른 관계자들과의 논의를 통해 자신이 과제를 제대로 이해하고 있는지 확인한다.
» 과제를 요약한 문서가 없으면 자신이 이해한 내용을 간단히 글로 써서 상사 및 다른 핵심 인물들과 함께 검토한다.
» 과제 수행 계획 초안을 만들어 주요 멤버들과 논의하고 서로 같은 생각을 공유하고 있는지 확인한다.

과제를 명확히 규정하는 일은 매우 중요하다. 짧은 논의만으로 충분한 경우도 있지만, 심도 깊은 작업을 진행할 때는 당연히 그만큼 시간을 들여야 한다. 다음 사례는 과제의 이면에 숨겨진 의혹들을 밖으로 꺼냄으로써 생산적으로 실행을 추진한 경우다.

•• 보험회사 부사장인 데이브는 최근 주요 신제품의 프로젝트 관리자로 지명되었다. 그는 이 분야에서 오랫동안 일해 왔고 여러모로 존경을 받고 있으며 회사 구성원들을 잘 움직이는 능력을 갖추고 있다. 그는 또 회사를 새 방향으로 이끌어 가고 있는 신임 경영진과도 효율적으로 일 해왔다.

따라서 데이브로서는 자신에게 부여된 새 임무와 거기에 따라올 영향력을 환영할 만했다. 하지만 그는 이 과제가 성공하기 어렵다고 생각했다. 게다가 최근까지 장기근속 했던 한 임원이 신규 프로젝트를 맡았다가 실패하는 바람에 해고되는 일도 있었다. 데이브는 이 과제가 암묵적인 '연령차별'로 자신을 축출하기 위해 조작된 것은 아닌지 걱정되었다. 그래서 신규 임원, 사장, 회장과의 논의를 통해 과제에 대한 기대를 명확히 하고 실현 가능성을 검토할 것을 요구했다.

여러 차례의 논의 끝에 그간 충분히 고려되지 않았던 다양한 문제들이 발견되었다. 그리고 프로젝트에 합류할 다른 임원들의 역할과 책임 문제도 명확히 규정했다. 조달 가능한 자원은 얼마나 되는지, 정보시스템개발단이 이 프로젝트를 어떻게 지원할 것인지도 논의했다. 이렇게 집중적으로 논의한 결과, 명료한 프로젝트 설명서, 프로젝트를 주도하고 관리하는 체계, 데이브가 맡을 구체적인 책임, 다른 핵심 관리자들의 역할, 위기 대처 방법과 보상 등이 구체적으로 확정되었다. 그리고 자신을 퇴출시키기 위해 꾸민 음모라는 의심도 사라졌다.

시간을 갖고 준비하라

과제를 주는 사람과 받는 사람 모두 해당 과제의 질quality에 대한 책임이 있다. 다시 말해, 양측이 공동으로 이 과제에 대한 의지를 보여야 한다는 얘기다. 그리하여 보다 분명하고, 현실적이며, 철저하게 과제를 준비해야 한다. 좋은 과제를 준비하기 위해 늘 시간이 많이 필요한 것은 아니다. 때로는 몇 분간의 진지한 논의만으로도 큰 차이를 만들 수 있다. 핵심은 업무를 명확히 규정하고 모든 당사자들이 제대로 이해하는 것이다.

•• 보험회사의 IT사업단장인 레이는 IT부서를 대대적으로 개선하는 프로젝트를 시작했다. 그는 먼저 시스템 유지보수를 담당하는 3개의 팀에게 20명으로 구성된 기획관리팀의 지원을 받아 3개월 내에 생산성을 25% 증가시키라고 요구했다. 전체 IT업무의 양을 생각하면 비현실적인 목표였지만, 이 과제가 팀에 새로운 활력을 불어넣는 스파크 역할을 했다.

3개월이 채 되기도 전에 두 팀이 25%의 목표를 달성했고, 나머지 한 팀은 무려 40%나 생산성을 높였다. 업무의 우선순위를 정하고, 주문접수 방식을 개선했으며, 철저히 기획하고, 정기적으로 성과를 측정하고, 피드백을 제대로 받은 결과였으며, 이와 더불어 '해야 한다'는 책임감이 그처럼 놀라운 성과를 만들어낸 것이었다. 이후 유사한 생산성 향상 프로젝트가 전 부서에 걸쳐 실시되었고, 26년간 체증 상태로 밀려 있던 일이 대폭 줄어들었다. 그 다음으로 이 IT사업단은 기존 인력만으로 일상의 유지보수 업무를 처리하면서 사업 구조를 재편하는 대규모의 최신 자동화 프로젝트를 실시했다. 다음은 사업단장 레이가 전달한 과제 요약서다.

발신 : 레이
수신 : 3개 팀장
제목 : IT 유지보수 생산성 제고의 건
경영진은 최근 회의를 통해 시스템 유지보수의 생산성을 크게 개선해야 한다는데 합의했습니다. 이 문건은 그 회의의 내용을 요약하고, 특히 생산성 향상과 관련하여 여러분이 해야 할 일에 대해서 말씀드리기 위해

준비한 것입니다.

우리 사업단은 현재 매우 중대한 문제에 직면해 있습니다. 처리할 일이 산적해 있는 상황에서 앞으로 몇 달 후에는 대규모의 최신 자동화 프로젝트를 시작해야 합니다. 지금 상황으로는 단순히 더 열심히, 더 많이 하는 것만으로 문제를 해결하기는 어려워 보입니다. 보다 효율적으로 업무를 수행할 방법을 찾아내야 하고 혁신을 통해 최저 비용으로 일을 처리해야 합니다.

경영진과 저는 먼저 여러분들이 주도적으로 선례를 남겨주시기를 원합니다. 향후 3개월 이내에 각 팀의 유지관리 생산성을 25% 높여주십시오. 그러자면 현 인력으로 매주 유지보수 주문량의 25%를 더 처리해야 할 것입니다. 고객만족도도 기존 수준을 유지해야 하며 졸속 처리로 인해 나중에 문제가 생겨서도 안 됩니다.

우리는 여러분이 해낼 수 있다고 믿습니다. 고객들과 보다 잘 협력하면 프로젝트를 성공시킬 수 있는 방법을 찾을 수 있을 것입니다. 작업 주문 방식을 바꾸어 신속하게 일을 처리할 수 있는지 확인해 보십시오. 반복되는 문제가 있다면 문제가 생길 때마다 일회성으로 대처하지 말고 근본 원인을 찾아서 개선해 보십시오. 팀워크를 발휘하면 일을 보다 잘 처리하는 방법을 찾을 수 있을 것입니다. 우리는 그 답을 모릅니다. 하지만 여러분이 새로운 아이디어를 내고 효율적인 업무 방법을 찾아냄으로써 성공적인 결과를 보여줄 수 있을 거라고 믿습니다.

일을 시작하기 전에 먼저 팀원들과 함께 이 과제에 대해 논의 해보고 업무 진행 방식과 작업계획에 대한 생각을 정리하십시오. 생산성을 측정하고 성과를 추적할 방법을 결정하십시오. 그래서 2주 내에 여러분이 작성한 계획표를 제게 보여주시기 바랍니다. 저와 함께 계획을 검토할 날짜를 확정해 주십시오. 필요하면 컨설턴트나 타 부서원, 저를 비롯한 관리팀의 다른 직원들에게 도움을 청하시기 바랍니다.

이 프로젝트는 우리 사업단과 회사 전체에 매우 중요한 일입니다. 경영진과 저는 이 프로젝트를 통해 우리가 함께 협력하고 배울 수 있기를 고대하고 있습니다. 성공의 핵심은 프로젝트 시작 전에 여러분이 할 일을 명확히 규정하는 것입니다.

CHECK POINT

명확한 과제 규정

현재 또는 앞으로 진행할 프로젝트는 무엇인가?

1. 명시적인 이슈
- 과제를 주는 사람이 누구인가?
- 과제를 받는 사람은 누구인가?
- 목표 : 최종 목표는 무엇이며 성공은 어떻게 측정하는가?
- 배경 : 이 과제가 왜 나왔는가? 지금 수행하는 이유는 무엇인가?
- 과제 수행자, 권한, 자원: 이 과제를 완수해야 하는 사람들은 누구인가? 그들이 갖고 있는 권한과 자원은 무엇인가?
- 일정 : 중간 목표와 최종 목표를 달성해야 하는 시점은 언제인가?
- 보고 절차: 진척상황은 누구에게, 언제, 어떻게 보고해야 하는가?
- 구조 : 과제 수행자들은 조직 내의 다른 인력 및 기타 핵심 부문과 어떻게 연관되어 있는가?
- 경쟁 과제 및 지원 업무: 조직에서 진행되는 다른 과제들과는 어떻게 연관되어 있는가?

- 지침 : 해결해야 하는 영역과 문제는 무엇인가? 과제를 수행하면서 준수해야 하는 정책적인 지침과 제약은 무엇인가?
- 결과 : 이 과제와 관련된 보상과 징벌은 무엇인가?

2. 암시적인 이슈

- 역할 : 과제 수행자에게 실제로 기대되는 역할은 무엇인가?
- 책임 : 과제 수행자가 목표 달성의 일차적인 책임을 지는가? 아니면 다른 관리자와 함께 책임을 공유하는가? 책임은 어떻게 지는가?
- 역량 : 과제 수행자의 기술, 행동 방식, 관리자적 자질이 이 프로젝트를 수행하기에 적절한가? 부족한 역량을 보강해줄 만한 사람과 자원이 주변에 있는가?
- 분위기 : 과제 요약서에서 과제 수행자에 대한 강한 신뢰를 보이고 있는가? 이 과제의 중요성에 대해 설명하고 있는가? 보다 큰 책임을 맡기기 전에 과제 수행자의 잠재력을 시험하는 것인가?

업무를 명확히 하기 위해 누구와, 언제, 어떤 단계에 접촉할 것인가?

핵심멤버를 조직하고
추진 전략을 수립하라

앞 장에서는 좋은 과제를 준비하는 방법에 대해 설명했다. 이제는 그 과제를 수행하는 방법을 살펴볼 것이다. 일단 과제가 주어졌다면 핵심적으로 일을 추진할 코어팀을 구성하고 전략을 세워야 한다.

코어팀을 구성하라

처음에는 좀 부담스러울 수도 있지만 프로젝트를 추진할 코어팀을 구성하면 큰 도움이 된다. 그리고 그 효과가 상당히 빨리 나타날 것이다. 코어팀이 있으면 좋은 계획을 수립할 수 있고, 다양한 업무를 처리하고 책임질 일단의 지원병력이 생기게 된다. 또 끝까지 목표 달성을 추진할 리더그룹이 있는 셈이기 때문에 혼자서 온갖 자잘한 일까지 관리하느라 시간과 에너지를 낭비하지 않아도 된다.

그 뿐 아니라 여러 사람이 머리를 맞대면 그만큼 다양한 의견이 제시될 것이고, 그 중에는 십중팔구 당신이 미처 생각지 못했던 아이디어가 있을 것이다. 좋은 아이디어를 찾고 합의를 얻어내고 전략을 수립하기 위해 집중적으로 논의하다 보면 언제나 한 사람의 의견보다 훨씬 좋은 전략이 나오기 마련이다.

코어팀은 당신과 가장 가까이에서 프로젝트를 계획하고 실행할 사람들인 만큼 이런저런 자격 요건을 잘 따져보고 선정해야 한다. 예를 들면 다음과 같다.

» 능력: 추진할 일을 잘 파악하고 있으며, 업무의 일정 부분을 주도적으로 실행할 수 있어야 한다.
» 대표성: 특정 그룹에 소속되어 그들을 대변할 수 있어야 한다.
» 영향력: 조직 또는 이해관계자 집단에 일정한 영향력을 행사할 수 있으며 그들의 지원을 끌어낼 수 있어야 한다.
» 참여가능성: 이 프로젝트에 투자할 시간과 에너지가 있어야 한다.
» 충성도: 당신과 마음이 통하며 당신과 함께 일하는 것에 대해 책임감을 갖고 있어야 한다.
» 진실성: 다른 의견에 마음과 귀가 열려 있어야 한다.

무엇보다 당신이 그들을 신뢰해야 하고, 당신의 의견에 비판적이거나 이견이 나오더라도 기꺼이 그들의 의견을 들으려는 의지가 있어야 한다.

전략을 수립하라

전략은 프로젝트를 이행하는 기본 틀로써 세부 계획과 행동을 결정하는 기반이 된다. 그러나 현 단계에서 세우는 전략이 구체적이고 확정적일 필요는 없다. 향후 업무 추진 방향에 대해 대략적인 틀을 제공하는 것만으로 충분하다.

특히, 변화와 불확실성의 폭이 커서 혁신과 즉흥성이 성공의 열쇠가 되는 환경에서는 유연성이 무척 중요하다. 빠르게 변하는 기술이나 시장 상황을 고려해야 하는 제품을 개발할 때는 더욱 그렇다. 반대로, 업무가 익숙하고 구조화된 환경에서는 시작단계부터 상세하고 확고한 전략을 수립할 수 있다. 단순 제조 공정, 영업, 건설 프로젝트 등이 그 예이다.

전략 세션은 모든 핵심 당사자들이 모여서 충분한 시간을 들여 세부사항을 논의할 수 있을 때 구체적으로 들어갈 수 있다. 코어팀은 다음 항목을 정리해야 한다.

>> 달성할 목표, 성과 측정 방법, 최종 성과물을 얻을 날짜
>> 목표 달성을 위한 경로
>> 참여할 사람들
>> 계획을 수립하고 성과를 측정하기 위해 필요한 데이터
>> 일정
>> 필요 자원 및 해당 자원을 획득하는 방법
>> 피해야 할 리스크나 행동, 또는 리스크를 줄일 수 있는 행동

» 프로젝트의 개략적인 구조

전략이 구체적인 계획이 될 필요는 없다. 프로젝트 접근 방법이나 활용 가능한 자원, 참여자들 간의 이해관계 등 여러 조건들이 상충하거나 바뀔 수도 있기 때문이다. 따라서 여러 차례 문제를 되짚어 보고 다른 관점을 고려하면서 성공 가능성이 높은 최적의 방법을 만들어내야 한다.

전략을 시험하기 전까지는 늘 유연한 자세를 유지해야 하며, 때로는 개략적인 추정치만으로도 작업을 진행할 수 있어야 한다. 초기부터 지나치게 시장이나 기술, 회계에 관한 정확한 자료를 고집하다가는 상당한 시간을 낭비하게 될 것이다. 구체적인 계획과 데이터는 전략을 시험하고 세부적인 계획을 수립한 뒤, 본격적으로 행동에 돌입할 준비가 되었을 때에나 나올 수 있음을 명심하라.

전략 수립 과정에는 정치적이고 심리적인 측면도 수반된다. 따라서 핵심 인물들을 전략 수립 단계부터 참여토록 함으로써 실제 실행 단계에 돌입했을 때 그들이 주도적으로 참여하도록 동기를 부여하자. 그러나 전략 수립 단계에 굳이 많은 시간을 들일 필요는 없다. 소규모의 실무회의로 진행하면 몇 시간 또는 며칠만으로도 충분할 것이다.

예기치 않은 상황에도 대비해야 한다. 팀원들이 회의에서 제기한 의견을 조금씩 반영하다 보면 애초에 당신이 염두에 두고 있던 전략이 완전히 다른 형태로 바뀔 수도 있다. 하지만 명심하자. 당신의 아이디어를 독단적으로 밀어붙였을 때보다 팀원들이 합의한 전략을 썼을 때의 성공 가능성이 훨씬 높다.

다음의 사례는 부서 단위에서 성공적인 전략을 개발하는 과정으로, 소 그룹으로 시작해서 몇 달 만에 전체 부서를 끌어들이는 전략으로 발전시 킨 경우이다.

•• 금융서비스 기업의 운영부장인 찰리는 3달 이내에 총괄운영부의 품질관 리비용을 50%까지 줄이라는 분명한 과제를 상사로부터 전달받았다. 두 사람은 직원들에게 주인의식과 '할 수 있다'는 자신감을 심어줄 수 있는 전략이 필요하다고 합의했다.

찰리는 코어팀을 조직한 다음, 완벽한 프로젝트 계획을 수립할 목적으 로 이틀간의 실무회의에 들어갔다. 그는 자신의 그룹에서 관리책임자 한 명을 차출하고, 운영부 내 나머지 5개 그룹의 과장들, 품질관리실장, IT 팀장, 인력개발실장, 내부 조직개발 컨설턴트로 팀을 꾸렸다.

회의에서 그는 목표, 행동계획 및 과제, 성과 측정 방법, 프로젝트 관 리, 운영부 내에서의 의사소통 계획 등 5개의 의제를 제시했다. 참석자들 대부분은 이 작업이 어려울 게 없다고 생각했다. 하루 정도면 세부 계획 까지 완성할 수 있다고 본 것이다. 이들은 앞으로 해야 할 일의 실체에 대해 전혀 감을 잡지 못했다.

첫째 날 아침, 첫 번째 의제인 프로젝트 목표에 대한 논의를 시작했을 때 팀원들은 생각보다 이 과제가 훨씬 복잡하다는 사실을 발견했다. 각 부서는 품질관리비용 데이터에 대한 해석과 그 데이터를 바탕으로 성과 를 평가하는 방법에 대해 각기 다른 의견을 내놓았다. 품질관리비용을 줄이는 방법에 대한 의견도 제각각이었다. 회의실의 화이트보드가 제안 된 목표, 각종 문제, 수많은 접근법들로 금세 가득 찼으나 합의된 내용은 거의 없었다.

그날 아침 찰리는 프로젝트 목표만이라도 정리하고자 여러 차례 시도했으나, 품질관리비용의 정의를 놓고 이견이 분분하면서 결국 합의에 이르지 못했다. 팀원들은 목표나 행동 방향에 대해 합의할 준비가 되어 있지 않았다.

찰리는 오후 서너 시가 되어도 논의에 진전이 보이지 않자 방향을 바꾸기로 했다. 이틀 만에 완벽한 계획을 수립하는 일은 현실적으로 불가능해 보였다. 그래서 대안이 필요했다.

그는 전체 운영조직이 한꺼번에 프로젝트를 진행하는 대신, 성공 가능성이 높은 소규모의 실험을 해보자고 제안했다. 이 실험은 2~3일 만에 계획할 수 있었고, 자신의 그룹에서 한 달 동안 시범적으로 진행해볼 만했다. 한 달 정도면 그 방법의 실행 가능성도 확인할 수 있을 것이었다. 그래서 효과가 입증되면 다른 그룹으로 확대하고, 그렇지 않으면 또 다른 방법을 시험해보기로 마음먹었다.

참여자들은 이 의견에 동의하고, 남은 시간 동안 찰리가 제안한 소규모 실험과 의사소통 방법, 찰리의 그룹에 제출할 데이터 보고 등 핵심 단계의 일정을 짰다. 코어팀은 2주 후에 다시 만나서 진척상황을 점검하고 운영부 전반의 문제를 계속 논의하기로 합의했다.

단 하나의 옳은 전략이란 없다. 위의 사례에서는 먼저 한 그룹에서 소규모 실험을 해본 후에 다른 그룹들이 그 뒤를 따르도록 했다. 이들은 3개월 동안 점진적으로 프로세스를 발전시키면서 '품질관리비용 50% 절감'이라는 최종 목표 달성을 위한 전면 프로젝트로 확대시켰다.

소규모의 코어팀을 조직하여 전략을 수립하고 행동을 추진하면 거의

100% 그 효과를 볼 수 있다. 또 기술적인 문제뿐 아니라 심리적, 정치적 문제에도 보다 쉽게 대처할 수 있다. 하지만 코어팀이 있다고 해서 리더가 손을 놔도 된다는 말은 아니다. 리더는 프로젝트의 중심에서 전체 프로세스를 추진하는 역할을 해야 한다.

한 페이지로 요약하라

전략이 나왔으면 이제 그 내용을 한 페이지로 요약하자. 한 장짜리 전략 요약서만 봐도 문제를 얼마나 깊이 있게 고민했는지 충분히 알 수 있다. 온갖 문제와 옵션, 각종 리스크과 대처법들을 나열한 10페이지짜리 요약서는 학자들이나 좋아할 자료다. 그런 자료가 간단명료하고 이해하기 쉬운 한 장짜리 요약서만큼 설득력이 있지는 않을 것이다.

잘 만든 전략 요약서는 앞으로 일어날 일을 머릿속에 그릴 수 있게 해주며, 보는 사람으로 하여금 흥미와 의욕을 불러일으킨다. 그 안에는 문제에 대한 해결 방안과 도달해야할 목표, 성과를 측정하는 방법과 주요 행동, 일정, 필요 인력과 자원, 결과로써 일어나게 될 변화에 대한 이야기가 담겨야 한다. 이렇게 만든 전략 요약서는 다음 단계인 전략 시험 단계의 기초자료로 활용하게 된다.

다음은 회의 참가 요청서, 전략회의의 의제, 한 장짜리 요약서 등 품질 관리비용 절감 프로젝트에 사용된 문서들이다.

●● 품질관리비용 절감을 위한 전략회의 참가 요청서 ●●

발신 찰리 부장
수신 [코어팀, 이름]
주제 품질관리비용 절감을 위한 전략회의 의제 및 전략

8월 25(월)−26(화) 양일간 품질관리비용 절감을 위한 전략회의를 하고자 합니다. 운영부의 중대 사안인 이 문제를 함께 논의할 수 있도록 회의에 꼭 참가해주시기 바랍니다. 더그 상무님(찰리의 상사이자 프로젝트의 후원자)으로부터 앞으로 세 달 이내에 품질관리비용을 50%까지 절감할 수 있는 계획을 수립하라는 지시를 받았습니다.

이 프로젝트는 사업 규모 축소로 인한 총 비용 절감 차원에서 나온 것입니다. 최근 자료에서도 품질관리비용을 대폭 삭감해야 한다는 사실이 자명하게 드러나고 있습니다. 지난 2년간 우리는 서비스의 품질을 크게 개선했습니다. 더그 상무님과 저는 그러한 성공을 바탕으로 품질에 대한 접근법을 획기적으로 전환하면 기존의 품질 수준을 유지하면서 동시에 비용도 절감할 수 있을 것으로 생각합니다.

문제는 어떻게 하면 각 그룹에서 이를 가장 효과적으로 실행하느냐 하는 점입니다. 해결책은 우리가 함께 찾아야 합니다. 각자 이 문제를 깊이 고민해 주시고, 회의에 오실 때는 각 그룹의 품질관리비용 관련 자료를 가져오시기 바랍니다.

회의 전에 문의사항이나 논의할 내용이 있으면 제게 전화 주십시오.

◦◦ 품질관리비용 절감을 위한 전략회의 의제 ◦◦

1. 브리핑
- 소개 : '과제' 와 '과제가 나오게 된 배경'
- 운영부의 전반적인 품질관리비용과 품질 성과에 대한 관련 자료

2. 참여자들의 아이디어를 모으고 계획에 합의하기 위한 실무회의
- 목표 달성과 성공을 측정하는 방법
- 과제를 수행하는 방법: 목표를 달성하기 위한 행동 계획
- 과제 수행을 위한 업무
- 일정
- 부서원들에게 전달할 메시지
- 진척상황 검토 일정

○○ 한 페이지짜리 전략 요약서 ○○

발신 찰리 부장
수신 더그 상무
제목 품질관리비용 절감 프로젝트

이 프로젝트의 목적은 기존의 품질 수준을 저해하지 않고 향후 3개월 이내에 운영부의 품질관리비용을 50% 절감하는 것입니다. 회의를 통해 저희 그룹에서 한 가지 방법을 시험해보기로 합의했습니다. 아래 사항은 앞으로 한 달 동안 시험해볼 단계들입니다.

1. 실적이 우수한 영업직원에 대해서는 주간 점검 및 품질 평가를 중단한다(대신 분기별 감사를 실시한다).
2. 품질 감독 책임을 현재의 중앙 품질평가팀에서 실무 단위로 이전하고, 각 그룹의 관리책임자가 실적이 낮은 영업직원에 대해서만 주간 점검을 실시하도록 한다.
3. 데이터 보고 시스템을 재편하여 실무 단위 내에서 직접 품질 데이터를 보고하도록 한다.
4. 품질평가팀에서는 유능한 직원 몇 명만 남기고 실적이 낮은 영업직원과 검사직원을 정리하여 비용을 절감한다.

이 실험이 성공하면 다른 그룹으로 확대 실시할 예정입니다. 또 필요에 따라 다음과 같은 옵션도 고려하고 있습니다.

- 전체 품질평가팀을 한꺼번에 폐쇄한다.
- (품질 문제의 주요 원인인) 인입 데이터의 에러를 줄인다.
- 기술력 강화를 위한 교육 프로그램을 개선한다.
- 품질 검사 및 보고 자동화 시스템을 개선한다.
- 기존의 기능별 구조를 재편하여 주요 고객사 및 마케팅실과의 결속을 강화한다.

저희 팀은 2주에 한 번씩 만나서 진척상황을 점검할 예정입니다. 그리고 4주 후에는 더그 상무님과 함께 공식적으로 전체 진행상황을 검토하겠습니다.

코어팀 조직을 위한 체크포인트

코어팀원으로 함께 하고자 하는 사람들의 이름을 적는다.

다음 기준을 바탕으로 그 사람들의 적합성을 검토한다.
- 능력 : 코어팀이 할 일을 알고 있으며 업무 중 일부를 주도할 수 있다.
- 영향력 : 조직 또는 이해관계자 집단에 일정한 영향력을 행사할 수 있
  으며 그들의 지원을 끌어낼 수 있다.
- 참여성 : 이 프로젝트에 투자할 시간과 에너지가 있다.
- 대표성 : 특정 그룹에 소속되어 있으며 그들을 대변할 수 있다.
- 충성도 : 당신과 마음이 통하며 당신과 함께 일하는 것에 대한 일종의
  책임감을 갖고 있다.
- 진실성 : 다른 의견에 마음과 귀가 열려 있다. 당신도 그들을 신뢰하
  며 그들의 의견을 들을 자세가 되어 있다.

언제 어떻게 코어팀을 구축할 것인가?

그들에게 과제를 부여하려면 누구의 지원을 얻어야 하는가?

그러한 지원은 어떻게 얻을 것인가?

전략 수립을 위한 체크포인트

- 달성할 목표와 최종 성과물을 얻을 날짜

- 목표 달성을 위한 경로

- 참여할 사람들

- 계획을 수립하고 성과를 측정하는데 필요한 데이터

- 일정

- 필요 자원 및 해당 자원을 획득하는 방법

- 피해야 할 리스크나 행동 또는 리스크를 줄일 수 있는 행동

- 프로젝트 구조 : 리더, 코어팀, 그 외 참여하는 팀원 및 지원부서의 직원

4단계
추진 전략을 시험하고
구체화하라

자신의 전략이 아무리 확고해 보이더라도 언제나 다른 의견들이 있다는 점을 명심하자. 다른 사람들의 의견을 간과하는 것은 그들의 도움을 얻거나 중요한 문제를 해결할 기회를 간과한다는 말이나 마찬가지다. 전략을 준비했으면 세부 계획과 행동으로 옮기기 전에 먼저 시험을 해보자. 규모가 작고 비교적 단순한 프로젝트라면 몇 시간 정도로 충분할 것이다. 물론 대규모의 복잡한 프로젝트라면 며칠이나 몇 주가 걸릴 수도 있다. 어떤 경우이든 전략을 시험하면 다음과 같은 이점이 있다.

>> 프로젝트에 관여하거나 영향을 받는 핵심 인사들과 그룹이 누구인지, 그들이 이 프로젝트에 대해 어떤 생각을 갖고 있는지 알 수 있다.

>> 예상치 못한 중요 문제를 발견하거나 접근 방법 중 수정해야 할 부분을 찾을 수 있다.

>> 프로젝트에 대한 관심과 실행의지를 끌어낼 수 있다.

전략을 시험하는 이유는 프로젝트에 대한 관심과 이해를 높여 성공 가능성을 높이기 위해서다. 여러 사람에게서 얻은 새로운 통찰을 바탕으로 방법을 개선하고, 부정적인 반응을 해소하고, 시험 중에 발생하는 장애물들을 해결함으로써 전략을 조정할 수 있다. 결과적으로 프로젝트를 보다 쉽고 효과적으로 추진할 수 있게 되는 것이다.

전략을 시험하라

전략 시험 절차는 다음과 같은 4단계로 구성된다.

>> 1단계 : 프로젝트에 영향을 받는 모든 관계자들의 맵map을 그린다.
>> 2단계 : 1단계에 적은 사람들을 만나 그들이 갖고 있는 생각과 이슈를
　　　　　알아보고, 지지를 구축한다.
>> 3단계 : 2단계에서 얻은 내용을 요약한다.
>> 4단계 : 전략을 조정한다.

관계자 맵을 그려라
다음의 각 항목에 최대한 많은 사람과 조직을 열거한다.

» 프로젝트에 참여하여 계획의 실행을 도와야 할 사람들은 누구인가?

» 프로젝트에 영향을 받아 기존의 방식을 바꿔야 하는 조직 안팎의 사람들은 누구인가?

» 계획을 승인해야 하는 사람들은 누구인가?

» 자원을 제공해야 하는 사람들은 누구인가?

» 외부 공급업체 중에서 이 프로젝트에 관계되는 곳은 어디인가?

» 고객은 누구인가?

» 프로젝트에 관심이 있을 만한 관련 기관은 어디인가?

사람들을 만나라

이제는 맵에 있는 사람들을 접촉할 차례다. 이때는 신중을 기할 필요가 있다. 어떻게 접근하느냐에 따라 사람들의 반응이 달라지기 때문이다. 불필요한 걱정이나 불안감 또는 비현실적으로 과도한 열의를 유발하지 않으면서도 깊이 있고, 객관적이며, 도움이 되는 반응을 얻어야 한다. 그러려면 당신의 생각을 설명하되 상대방의 관점과 이해관계를 고려해야 한다.

지지를 얻는 것은 자신의 주장을 관철하거나 문제에 대한 분석을 내놓는 것과는 다르다. 수동적인 동의나 투표를 통한 결정도 충분치 않다. 사람들의 적극적인 동의와 참여가 필요하다. 따라서 당신의 전략이 상대방에게 어떤 영향을 끼치는지 미리 생각해봐야 한다. 상대방이 직면하고 있는 문제를 해결하도록 도와줘야 한다는 말이기도 하다. 때에 따라서는 전략을 변경해야 할지도 모른다. 그래도 괜찮다. 중요한 것은 목표 달성 과정에서 출현하는 모든 문제를 건설적으로 해결할 수 있는 견고한 전략을 짜는 것이기 때문이다. 가는 게 있어야 오는 것도 있는 법이다. 이 단계에서는 아래의 방법들을 사용해볼 수 있다.

- » 핵심 인사들에게 이메일을 보내고 답신을 요청한다.
- » 핵심 인사들을 직접 만나 당신의 전략을 설명하고 그들의 반응에 귀를 기울인다. 들은 이야기는 메모해 두었다가 나중에 잊어버리거나 왜곡하지 않도록 한다.
- » 다양한 이해관계를 대변하는 여러 소그룹과 회의를 한다. 회의의 목적은 모두 동일하다.
- » 필요하면 주요 고객과 공급업체를 방문하여 그들의 견해를 구한다.
- » 설문조사를 통해 신속하고 효율적으로 다수의 의견을 듣는다.

시험 절차 중 고려해볼 문제들

해당 전략에 대한 당신 자신의 생각은 어떠한가? 가장 좋은 점은 무엇인가? 가장 나쁜 점은 무엇인가? 어떻게 진행될 것 같은가? 프로젝트의 성공을 위해서 해결해야 할 문제들은 무엇인가?

당신은 이 프로젝트에 어떻게 기여할 수 있는가? 이 일은 당신에게 어떤 의미가 있는가? 대응 방법은 무엇인가? 어떤 도움이 필요할 것 같은가?

당신은 어떤 역할을 하고 싶은가? 당신이 이 프로젝트를 가장 잘 수행할 수 있는 방법은 무엇인가?

요약하라

주요 합의 영역부터 시작해서 그동안 얻은 반응들을 요약하자. 이때 합의점을 강조함으로써 사람들이 지나치게 의견 차이에만 신경 쓰지 않도록 한다. 그런 다음, 필요 자원의 입수 가능성, 지원 그룹의 역량, 리드 타임이 긴 항목, 진행에 차질을 유발하는 일정상의 문제, 기술 및 정책 문제, 조직 및 대인관계 문제 등 해결해야 하는 주요 사안들을 나열하자.

전략을 조정하라

이제 전략요약서를 보면 불가피하게 바꿔야 할 부분들이 눈에 띌 것이다. 목적과 범위를 조정하거나, 실행 순서를 바꾸거나, 새로운 요소를 추가하거나, 기존 요소를 삭제해야 할 수도 있다. 가능하면 모든 관계자들의 의견과 이해관계를 반영하여 그들이 수정된 프로젝트 안을 보고 성공을 기대할 수 있게 해야 한다. 시험 과정에서는 프로젝트를 실제로 시행할 때 부딪힐 수 있는 문제들을 예측하는 것이 중요하다. 그러한 예측을 통해 밑 빠진 독에 물 붓는 식으로 실패할 전략에 너무 많은 투자를 하기 전에 안전하게 전략을 조정할 수 있으며, 실행의 성공 확률을 높일 수 있다.

전략 시험의 진행 과정

전략 시험 프로세스가 어떻게 작동하는지 예를 들어보자.

- •• 대형 전자업체의 수석 엔지니어인 랄프는 총괄부장으로부터 그가 준비

하고 있는 신제품의 완성 속도를 높이라는 지시를 받았다. 디자인, 프로토타입 구축, 시험과정으로 구성된 기본적인 제품 개발 사이클은 모두 엔지니어링부에서 이뤄지고 있었다. 그런데 엔지니어링부는 디자인만 완성되면 그 일이 거의 끝났다고 보고 한쪽 구석에 미뤄두곤 했다. 문제가 나타나면 그때서야 한 번 더 들여다보거나, 디자인을 바꾸거나, 일부 기능을 업그레이드했다. 그런 다음 제조, 품질, 마케팅, 유통 부서를 거쳐 제품이 시장에 출시되었다. 모든 부서장들은 정기적으로 신제품 점검 회의를 갖고 진행상황을 검토했다.

이 절차는 오랫동안 조직의 관행으로 뿌리 내리고 있었다. 하지만 이번 프로젝트를 계기로 그 효율성에 의문이 제기되었다. 이제는 훨씬 빠른 속도로 신제품을 개발해야 했다. 일선에서의 문제, 품질 상의 자잘한 문제들, 제조 상의 결함, 마케팅 실수, 출시 과정에서의 불협화음, 규제의 난관 등을 대폭 줄여야 했다. 이러한 문제 중 하나만 발생해도 시장에서 경쟁사들을 물리치고 수익을 내는데 차질이 발생할 수 있었다.

그래서 랄프는 현재 작업 중인 제품의 완성 속도를 높이라는 주문에 그다지 놀라지 않았다. 처음부터 자신이 맡은 일이었다. 그의 팀은 이 제품을 고안했고, 디자인했고, 이제 출시 준비를 거의 마친 상태였다. 진동 문제가 아직 해결되지 않았으나 몇 주 안에 그 부분만 해결하면 일정에 맞게 제조부로 넘길 수 있을 것 같았다. 하지만 총괄부장인 빌의 요구는 랄프를 놀라게 했다. 처음부터 끝까지, 즉 제품을 시장에 출시하고 수익을 내는 일까지도 랄프에게 책임을 맡긴 것이다. 그의 책임 범위가 엄청나게 커지는 일이었다. 지금까지 엔지니어링과 무관한 일은 모두 여러 부서로 나눠지던 것이 관례였다. 그리고 다른 부서에서 영업, 유통, 고객 서비스를 처리했다. 하지만 이제 그는 자신의 과제를 완수하기 위해 다른 부서원들에게 영향력을 행사해야 한다. 상황이 완전히 바뀐 것이다.

각 부서의 상급 관리자 50명이 참석한 회의에서 총괄부장은 자신이 랄프에게 권한을 위임했으며 제품이 성공적으로 출시되기를 바란다고 공표했다. 모든 부서가 이제 랄프를 지원해야 했다. 맞다. 그렇게 상황이 바뀐 것이다. 이것은 하나의 실험이었다. 하지만 선택의 여지가 없었다. 전체적인 신제품 개발 공정에서 하위 부서간의 업무가 제대로 조율되지 않아서 낭비되는 시간과 비용이 너무 컸다. 이제는 바꿔야 했다. 그리고 이 프로젝트가 그 변화의 출발점이 될 것이었다. 전체 프로젝트를 책임지고 추진하면서 개발 사이클을 단축할 사람이 한 명 있어야 했다. 그런 점에서 랄프는 개척자이며, 목표를 달성하기 위해서는 어떤 혁신이라도 일으키라는 명령을 받은 것이다.

회의가 끝난 후 사무실로 돌아온 랄프는 상당히 혼란스러웠다. 이 새로운 과제를 어떻게 해결할 것인가? 그는 부서의 컨설턴트와 만나 새로 맡은 프로젝트에 대해 조언을 구했다. 컨설턴트는 업무 프로세스와 관계자들을 맵핑한 다음, 핵심 인사들을 만나서 프로젝트에 대한 그의 전략을 시험해 보라고 제안했다. 두 사람은 신제품 개발 및 상품화 프로세스, 프로젝트의 출발점부터 마지막 단계까지 관련되는 모든 부서, 각 부서의 핵심 인물 및 의사결정자, 각 부서의 역할을 완수하기 위해 해결해야 하는 문제들, 발생 가능한 장애물 등 생각할 수 있는 모든 요소를 반영하여 차트를 그렸다. 또 랄프가 핵심 리더 역할을 하고, 프로젝트에서 각 부서의 대변자 역할을 할 수 있는 핵심 인물들로 코어팀을 만드는 구조도 그렸다. 랄프와 컨설턴트는 예상되는 문제, 프로젝트의 진행과정에 대한 개략적인 생각, 즉 잠정적인 전략들을 열거했다.

그런 다음, 각 부서장들을 만나서 차트와 이슈 목록, 잠정적인 전략을 보여주고 의견을 물었다. 랄프는 자신이 그린 프로세스와 관계자, 이슈 맵에 사람들이 긍정적으로 반응하는 것을 보고는 놀랐다. 몇몇 관리자들이 약간의 수정을 제안했고 코어팀에 몇몇 사람을 추천하기까지 했다. 랄프는 그들의 태도에도 놀랐다. 자신이 기대했던 것보다 훨씬 긍정적이었기 때문이다.

사람들은 이 실험이 바람직한 시도라고 보았고 랄프와 그가 맡은 제품이 그러한 실험에 적격이라고 생각했다. "우리가 뭘 해야 할지만 말해 주세요. 그럼 거기에 따를게요. 하지만 서둘러 주세요." 그들에게는 앞 다퉈 처리해야 하는 일들이 많았다. 회로기판 부서는 일정보다 작업이 상당히 뒤처져 있었고 인력도 부족했다. 새로운 CAD-CAM 시스템을 설치하고 시험가동을 했으나 아직 버그가 많았다. 마케팅 부서는 일부 고객들이 디자인 변경과 가격 인하를 요구할 것으로 예상된다고 말했다.

랄프는 자신의 사무실로 돌아와서 해야 할 일들을 다시 검토했다. 이제는 진동 문제가 가장 사소한 문제처럼 보였다. 프로젝트 완료 일정을 맞추려면 모든 기능 단위가 정해진 마감 날짜에 동의해야 했다. 그리고 이 프로젝트 외에도 할 일이 쌓여 있는 모든 부서들을 이끌면서 프로젝트를 무사히 마칠 방안을 강구해야 했다. 그는 회로기판부서의 업무 과부하와 인력 부족, 디자인 변경 가능성, CAD-CAM의 버그, 비용 절감 등 까다로운 문제를 해결하는데 필요한 자원을 어디에서 얻어야 할지 고민했다.

랄프는 새로 구성한 코어팀의 회의를 소집해서 이 문제들을 논의하고 제품 출시 일정과 목표 날짜에 대한 합의를 얻어내기로 결정했다. 이 회의에서 그는 팀원들에게 자신의 전략을 시험한 결과를 알려주고, 이 과정에서 드러난 문제를 반영하여 새로 조정한 전략에 대해 설명했다. 약간의 논의를 거쳐 코어팀은 프로젝트 일정과 목표 날짜에 합의했다.

이 같은 맵핑 과정을 대충 넘어가거나 완전히 건너뛰는 경우가 너무도 많다. 하지만 일을 추진하는 과정에서 나타나는 문제의 상당수는 이 과정과 직결된다. 예상치 못한 문제가 불거져 프로젝트가 꼬이거나 관계자들로부터 갑작스런 저항에 부딪혔을 때 자기 운명이나 다른 사람의 탓만 하고 있을 수는 없지 않은가. 일을 착수하기 전에 핵심 인사들의 동의를 구하고 전략을 충분히 시험한다면 그런 문제들을 미리 예견하고 보다 잘 대처할 수 있을 것이다.

관계자를 맵핑하라

54쪽에 있는 표는 전략에 영향을 끼치는 요소들을 정리하고 프로젝트를 준비하는데 도움이 될 것이다. 이 표에 다양한 관계자들을 나열하고 각각의 반응을 기록하자. 그들이 제기한 문제를 해결하는데 필요한 조치도 적어 넣을 수 있다.

이 프로세스는 아주 역동적이라는 점을 기억하자. 사람들은 종종 생각을 바꾼다. 이리저리 상호작용을 하다 보면 할 수 있는 일과 할 수 없는 일에 대한 생각이 바뀌게 마련이다. 여러 생각들이 얽히고설키면서 에너지의 흐름이 들고 나기를 반복하다가 어느 순간 하나로 뭉쳐질 것이다. 한 번 전략을 수립하고 나면 다시는 돌이킬 수 없는 경직된 프로세스가 아니라 방법을 가다듬고, 동맹군을 끌어 모으며, 동기를 부여함으로써 협력을 끌어내고 성공의 기회를 높이는 과정이다. 그러니 마음을 열고 기다리자. 그리고 맵을 그릴 때는 볼펜 대신 연필과 종이를 사용하자.

●● 관계자 맵핑

구성원/이름	관계자의 반응	문제점/해결 방안
직접적인 참여자 ⋮		
간접적인 참여자 ⋮		
기타 영향받는 사람들 ⋮		
정책/재무/승인자 ⋮		
공급업체 ⋮		
고객 ⋮		
규제당국 ⋮		
기타 ⋮		

2

행동하라

강력하게
행동을 시작하라

전략을 시험했으면 이제 시작회의를 할 차례다. 시작회의는 프로젝트의 규모에 따라 간단하게 치를 수도 있지만, 반나절이나 하루 정도 실무회의를 하거나 며칠에 걸쳐 단합을 다지는 워크샵 형식으로 진행할 수도 있다. 시작회의는 전략 수립 단계에서 행동 단계로 이동하게 됨을 공식 선언하는 것이다. 모든 핵심관계자들은 한 자리에 모여 다음의 사항을 실행해야 한다.

> » 전략을 검토하고 다듬어 모든 참여자들이 이해하고 동의하도록 한다.
> » 마스터플랜을 구축하고 주요한 중간 목표 달성 일정을 확정한다.
> » 성공을 측정할 방법을 정한다.
> » 구체적인 과제와 작업계획을 작성한다.
> » 모든 참여자들이 각자 맡은 역할을 충실히 이행하기로 의지를 다진다.

» 후속 점검 절차를 정한다.

» 수행할 과제에 자원을 할당한다.

» 다음 진척상황 점검회의 날짜를 정한다.

» 시작회의에서 채택한 결정사항과 행동을 요약하여 프로젝트에 참가하거나 영향을 받는 모든 당사자들에게 전달할 메시지를 준비한다.

시작회의는 왜 필요할까? 사람들의 관심을 모아 새로운 일에 착수하기 위해서는 특별한 노력이 필요하다. 시작회의는 실제 변화가 시작되었다는 신호탄으로, 실행의 효과를 높이기 위해 반드시 필요하다.

시작회의는 특별해야 한다. 프로젝트를 성공시키겠다는 강한 의지와 에너지가 분출되도록 각별히 신경 써서 준비해야 한다. 어느 정도의 논쟁이 필요하지만 소란스럽지는 않아야 한다. 집중 논의를 통해 정확하지 않은 추측과 가정을 잠재우고, 할 일을 분명히 규정하며, 상호 이해를 구축함으로써 참여자들이 전체 프로젝트와 자신의 역할, 다른 사람들과 소통하고 상호작용하는 방법에 대해 알 수 있도록 해야 한다.

일을 추진하기 위해 상부의 승인이 필요하다면 시작회의 전에 받아두자. 시작회의와 결정회의를 혼동해서는 안 된다. 시작회의는 모든 핵심 관계자들이 한 자리에 모여 전략과 계획, 역할과 책임, 행동 과제 등 성공적인 실행에 필요한 모든 이슈들에 대한 상호 이해를 증진하는 자리다. 모든 관계자들이 시작회의를 통해 프로젝트를 분명히 이해하고 긍정적인 에너지를 느낄 수 있어야 그 회의가 성공했다고 말할 수 있다.

시작회의 준비 절차

가장 먼저, 회의 의제와 참여자 목록을 준비하자. 의제를 준비할 때는 맨 마지막부터 시작하자. 모든 참여자들 앞에서 진행의 일정과 방향을 설명하는 사람의 모습과 시작회의의 마지막에 당신이 발표하고 싶은 합의문을 생각해 보자. 그런 다음, 회의 시작 부분으로 가서 해야 할 일들이 무엇인지 점검하자.

» 임무와 전략을 제시한다.
» 질문에 답하고 앞으로의 행동을 논의하면서 합의를 도출한다.
» 마스터플랜, 성과 측정법, 일정을 수립한다.
» 마스터플랜 안에서 해야 할 일들을 좀 더 작은 덩어리로 쪼개고 각각에 대한 1차 작업계획을 준비한다.
» 참여자들과 함께 하위 작업계획을 검토하여 서로 잘 조화되는지 확인한다(문제 해결에 필요한 시간도 할애한다).
» 관리 프로세스를 정한다.
» 최종 합의문을 정리한다.

이번에는 시작회의에 반드시 참석해야 할 사람들을 나열해 보자. 코어팀 멤버들과 각 하위 프로젝트의 리더들, 프로젝트를 진행하면서 접촉해야 할 관련 부서원들, 데이터 및 기술 지원 또는 직접 지원을 제공할 직원들도 초대해야 한다. 최종 사용자나 고객, 때에 따라서는 공급업체를 초

대해야 할 때도 있다. 논의에 중요한 통찰력을 제공하거나 지원 부서에 도움을 줄 수 있기 때문이다. 상급자들은 회의 초반에 참석하여 조직의 전체 전략 구도에서 이 프로젝트가 갖는 위상 등 경영 측면에서의 중요성에 대해 설명하도록 한다. 상급자들은 회의 말미에도 참석하여 앞으로 프로젝트를 진행할 방식에 대해 듣고, 남은 문제를 해결하도록 도우며, 필요에 따라서는 지원을 제공해야 한다.

그런 다음에는 회의하기에 좋은 장소를 구한다. 회의 장소가 어디냐에 따라서도 회의 결과에 큰 차이가 있다. 참석자들이 어느 정도 여유 있게 걸어 다닐 수 있고 커피와 음료 테이블을 놓을 수 있는 정도가 적당하다. 장소가 너무 좁으면 회의의 흐름이 막힌다. 반대로 너무 넓으면 참석자들이 당황해 하며 많은 사람들이 회의에 불참했다는 느낌을 받기 때문에 좋지 않다. 에어컨 소리가 너무 크거나, 벽이 얇아 옆방의 말소리가 들리거나, 화이트보드가 없거나, 다른 회의에서 썼던 차트가 옆에 세워져 있어도 사람들의 주의를 분산시킨다. 시작회의의 목적에 맞게 장소를 정비하자.

그러고 나서는 참석자들에게 회의 의제와 준비사항을 적은 초대장을 보내고, 프로젝트에 필요한 기본적인 요소들을 모두 준비한다. 여기에는 초기비용, 당신이 개발한 전략, 바람직한 결과와 그 결과가 조직에 끼치는 영향을 보여주는 데이터 등이 포함된다. 개괄적인 마스터플랜, 당신이 생각하는 주요 과제, 당신이 원하는 측정·관리·점검 과정, 주요 회의 및 진척상황 검토 일정도 준비한다. 다시 한 번 말하지만, 그러면서도 유연하게 다른 사람들의 의견을 받아들일 준비를 하고 있어야 한다. 이 시작회의의 목적은 에너지, 아이디어, 참여 의지, 그리고 집단의 창의성을 필요로 하는 모든 것을 창출하는데 있다. 당신의 전략이 아무리 뛰어나더라도 언제나 새로운 생각을 받아들일 준비가 되어 있어야 한다.

위의 내용이 한 번의 회의로 진행하기에 너무 많아 보이면 여러 세션으로 나눠서 진행할 수도 있다. 외부 진행자의 도움을 받는 것도 생각해볼 수 있다. 물론, 참여자들과 당신이 충분하게 직접적인 소통을 해야 하기 때문에 제3자를 끌어 들일 경우 그 과정이 방해받을 수도 있다. 하지만 다음과 같은 문제들도 한번 쯤 고려해 봐야 한다.

>> 당신을 포함한 모든 사람들이 회의에 집중하고 일정대로 진행할 수 있는가? 시작회의는 의제에서 벗어나거나, 논쟁이 지나치게 길어지기 쉽다. 하지만 그 문제와 무관한 사람은 그럴 일이 없다.

>> 논의가 교착 상태에 빠지거나 분쟁이 발생하면 어떻게 대처할 것인가? 제3자는 다른 관점에서 문제를 보고 새로운 방식을 제안할 수 있다.

>> 모든 사람의 의견을 골고루 청취할 수 있는가? 어떤 사람들은 자기 주장이 강하고 논의를 독점하려는 경향이 있다. 반면, 중요한 아이디어를 갖고 있으면서도 그냥 뒷짐만 지고 있는 사람들도 있다. 회의 참여자들과 관련이 없는 누군가가 있다면 논의의 균형을 유지하면서 모든 구성원들이 의견을 내고 효율적으로 참여하도록 할 수 있다.

당신이 생산적인 회의를 주재할 수 있다고 자신한다면 외부 인사를 불러들일 필요가 없다. 집중적인 논의, 갈등 해결, 균등한 참여라는 세 가지 이슈를 어떻게 다룰 것인지 구체적으로 계획하자. 하지만 프로젝트의 규모가 크고, 의제가 까다롭고, 회의의 결과가 정말 중요하다면 그룹 프로세스를 잘 다루는 직원이나 관리자 또는 외부 전문가의 도움을 받자.

회의는 또 재미가 있어야 한다. 무거운 주제를 중화시킬 수 있는 가벼운 터치가 필요하다. 휴식, 특별 프레젠테이션, 한두 가지의 게임, 맛있는 음식, 간단한 운동 경기, 주변 산책 등은 참여자들의 기분을 전환하는데 도움이 된다. 하지만 너무 노는 분위기로 몰아가지는 말자. 다음은 부적절한 진행의 예다.

•• 진행자가 회의 초반에 부드러운 플라스틱 공과 비행기를 나눠주면서 "오늘은 아주 재미있는 회의를 할 겁니다"라고 말했다. 회의 진척이 더뎌지자 사람들은 지루해졌고 곧이어 비행기와 공이 날아다니기 시작했다. 다른 사람의 뒤통수에 대고 공을 던지는 사람도 있었다. 프레젠테이션은 재미가 없었고 회의장은 곧 수많은 물체가 날아다니는 아수라장으로 변했다. 뭐라고 말하는 사람은 없었다. 하지만 날아다니는 장난감들이 회의의 분위기와 긴장감, 참석자들 간의 경쟁의식을 적나라하게 보여주고 있었다. 회의는 그런대로 성공적이었지만 더 잘 될 수도 있었다. 중요한 문제를 논의하고 사람들이 집중할 때는 그런 모습을 찾을 수 없었다.

회의장을 미리 점검해서 테이블이 적절한 구조로 배치되어 있는지 확인하자. 강당은 연설이나 강의에는 적절하지만 시작회의에는 부적합하다. U자형이나 사각형으로 테이블을 배치하면 서로 마주보면서 이야기를 할 수 있다. 몇 개 팀으로 나눠서 진행할 경우에는 카페테리아 스타일로 배치하자. 그러면 각 팀 별로 함께 앉아서 팀 별 논의와 전체 회의를 동시에 진행할 수 있다.

사람들의 주의를 분산시키는 도구에 대해서도 미리 대비하자. 휴대폰과 노트북, PDA 등으로 무장한 멀티태스킹 시대가 도래하면서 사람들은 동시에 수십 가지의 일을 처리하는데 익숙해져 있다. 이런 환경에서는 회의가 성공하기 힘들다. 참여자들의 완벽한 집중이 요구되는 상황에서 이 문제를 미리 해결하지 않는다면, 아마 기대치의 5분의 1에 해당하는 집중력도 얻기 힘들 것이다. 기본 규칙을 미리 정하자. 휴대폰과 컴퓨터, PDA는 전원을 끄게 하자. 대신 꼭 필요한 전화를 할 수 있도록 쉬는 시간을 잠깐씩 주자.

회의 중에 급한 전화를 받아야 하거나 시급히 해결할 문제가 있는 사람들은 다른 방법으로 처리할 수 있는지를 생각해 보게 하자. 다른 사람에게 전화를 돌리거나 전화가 오기 전에 문제를 미리 해결하도록 요구하자. 그래도 효과적으로 참여하기 어려운 사람이라면 일단 빼고 진행한 다음 나중에 다른 방법으로 참여할 수 있는지 방법을 찾아보자. 회의의 맥이 자주 끊기면 깊이 있는 논의가 불가능하다.

한편, 회의에 꼭 필요한 사람들은 대체로 아주 바쁘기도 하기 때문에 회의를 가능한 신속하고 효과적으로 진행할 필요도 있다. 그러면 참여자들의 집중도가 높아지기 때문에 주의가 분산되는 문제도 사라질 것이다.

시작회의 진행 사례
당신이 지금 멕시코 북부에 있는 어느 공장 회의실에 서 있다고 상상해

보자. 이곳에서 생산하는 제품은 맥주 제조업체나 비누 제조업체, 기타 대형 제조업체의 자매 회사들이 사용하는 골판지 포장 박스다.

•• 공장 관리팀이 중요한 회의를 위해 모여 있다. 회의 안건은 공장 곳곳에 널려 있는 폐기물 처리 문제였다. 원자재인 섬유판은 옥외에 보관해서 비와 햇볕, 습도에 그대로 노출되어 있고 상당 부분이 접히거나 찢겨 있다. 공장 바닥은 쓰다 버린 자재들로 뒤덮여 있다. 처리 중인 작업물들이 복도와 선적부에 쌓여 있다. 또 폐기물 컨테이너가 선적 플랫폼 바로 옆에 자리를 차지하고 있다.

공장 관리자는 영어를 좀 하는 편이다. 하지만 공장의 핵심 부문을 담당하는 다른 팀원들은 스페인어밖에 못한다. 그 외에 회의실에 있던 유일한 사람은 미국인 컨설턴트였다. 그는 고등학교 때 배운 기본 스페인어와 폐기물 감축에 대한 전문적인 지식을 갖고 있었다. 공장 관리자는 참석자들에게 컨설턴트를 소개한 다음, 15분에 걸쳐 앞으로 해야 할 일에 대한 프레젠테이션을 했다. 그런 다음 컨설턴트에게 이렇게 말했다.

"참석자들에게 오늘 폐기물 감축 때문에 모였다고 말했습니다. 다들 그 문제에 공감하는군요. 그럼, 이제 뭘 해야 합니까?"

"목표를 정하세요. 폐기물을 언제, 얼마나 줄이고 싶으십니까?"라고 컨설턴트가 간단히 물었다. (사실 그는 전 날 공장을 둘러보면서 공장 관리자가 이미 폐기물 감축에 대한 상당한 아이디어와 노하우를 갖고 있다는 사실을 발견했다. 공장 직원들에 대한 조사도 실시했다. 남은 과제는 거기에 대해 실질적인 조치를 취할 수 있도록 협력을 끌어내는 일이었다. 자신이 다시 그 주제에 대한 프레젠테이션을 할 필요는 없어 보였다.)

공장 관리자는 고개를 끄덕이고는 생기 있는 스페인어를 구사하며 참석자들에게 10분 동안 이야기를 했다. 그런 다음, 참석자들이 함께 논의를 시작했다. 한 사람이 뛰어 나가더니 금방 여러 장의 보고서를 가져왔다. 모든 사람들이 거기에 적힌 수치를 보려고 모여 들었다. 활발한 토론이 시작되었다. 이렇게 한 시간 정도 논의를 한 다음, 관리자가 화이트보드 앞에 서서 2개의 수치를 적었다. 하나는 주당 감축해야 할 폐기물의 양이었고, 다른 하나는 두 달이라는 시간이었다. 논의가 잠잠해졌다.

그는 다시 컨설턴트에게 물었다.

"목표와 날짜가 나왔습니다. 이제 뭘 해야 하죠?"

"프로젝트 리더를 정해서 보드에 이름을 적으세요."

아까보다 더 활발한 논의가 이어졌다. 그러고 나서 곧 보드에 큼지막하게 이름이 적혔다. 한 사람이 민망한 듯 머리를 긁적였고, 다른 사람들은 미소를 짓거나 약간 어색한 듯 다른 곳으로 눈길을 돌렸다.

"그럼 이제 뭘 할까요?"

"누가, 어떤 역할을 취할 지 적으세요. 일종의 작업계획이죠."

공장 관리자는 물을 한 컵 들이키고는 다시 말을 시작했다. 한층 더 격렬한 토론이 벌어졌다. 1시간이 좀 지나자 화이트보드에 작업 항목과 담당자 이름이 올라오기 시작했다. 회의가 끝날 때쯤 회의실에 있던 모든 사람들에게 역할이 할당되었고, 보드는 폐기물 감축이라는 목표 달성을 위해 해야 할 일로 가득 찼다.

이때 컨설턴트가 조용히 끼어들었다.

"이제 팀이 구성되었으니 프로젝트 리더에게 언제 진척상황 점검회의를 하고 그 결과를 언제 어떻게 관리자님께 보고할지 일정을 정하라고 하세요."

공장 관리자가 회의를 속개하자 다시 논의가 진행되었다. 한참 후에 프로젝트 리더가 자리에서 일어나서 보드의 남은 부분에 달력을 그렸다. 그는 X 표시를 한 뒤, 그 자리에 점검회의와 최종 보고 날짜를 적었다. 참석자들이 고개를 끄덕였다.

"다음 단계는 뭔가요?"라고 공장 관리자가 물었다.

"지금 한 일에 대해 어떻게 생각하는지 다른 사람들에게 물어보세요. 이 계획이 성공할까요?"

이번에는 참석자들 사이에서 환호성이 터져 나왔다.

"힘을 합쳐 제대로 한번 해봅시다!"

하루 종일 진행된 회의에서 컨설턴트는 겨우 대여섯 마디를 했을 뿐이다. 하지만 상당한 변화를 끌어냈다.

시작회의는 이렇게 단순하다. 관리자가 목표를 갖고 있고, 사람들이 제대로 모여 있고, 해야 할 일에 대한 분명한 감이 있다면 방향을 정하고 변화를 시작하기 위해 많은 말이 필요하지 않다. 긴 연설이나 상명하달식 명령, 모호한 제안들은 습관처럼 변화를 강조하는 경영진의 잔소리 정도로 들릴 뿐이다. 아무 것도 하지 않으면서 말만 많은 것이다.

위 사례는 다음과 같은 시작회의의 기본 요소와 몇 가지 기본 원칙들을 잘 보여주었다.

» 단 몇 마디의 말로 필요한 변화에 대해 설명한다.

» 목표가 무엇이든 최소한 다음 5가지 핵심 질문에 답할 수 있어야 한다.

- 목표가 무엇인가?

- 리더와 코어팀은 누구인가?

- 계획은 무엇인가?
- 어떻게 성공을 측정하고 보고할 것인가?
- 지금 하고 있는 논의에 대해 사람들이 어떻게 느끼는가?

물론 이것이 시작회의를 실시하는 유일한 방법은 아니다. 소규모 프로젝트라면 대여섯 명의 사람들과 사무실에 앉아서 회의를 진행할 수도 있다. 회사나 공장 전체가 참여해야 하는 프로젝트라면 백여 명의 사람들이 며칠 동안 외부에서 워크샵을 할 수도 있다. 그러나 시작회의의 형식이 어떻든 간에 충분한 시간을 갖고 철저히 준비해야 하는 것만은 분명하다.

시작회의의 기획

1. 형식 :

2. 참여자 :

3. 의제와 회의 일정 :
- ❶ 서론 및 목적을 설명한다.
- ❷ 당면 과제, 데이터, 예비 전략을 검토한다.
- ❸ 그룹의 반응을 본다. 그런 다음, 필요에 따라 당면 과제의 해결방법에 대해 브레인스토밍을 한다.
- ❹ 가장 좋은 아이디어를 선정하고 마스터플랜과 성공 측정법, 일정을 수립한다.
- ❺ 마스터플랜의 주요 부분을 책임지고 과제와 초기 행동을 구상할 액션팀을 구성한다.
- ❻ 제안된 행동 계획이 적절하며 서로 조화되는지 검토한다.
- ❼ 사람들에게 전달할 메시지를 정한다.
- ❽ 후속 단계 및 진척상황 점검 일정을 확정한다.

4. 필요한 준비사항 :

5. 회의 진행 :

6. 장소 및 준비물 확보 계획 :

6단계

일정, 예산, 보고계획을 만들고 활용하라

시작회의가 끝나면 팀원들이 힘차게 다음 단계로 이동할 준비가 되어 있을 것이다. 물론 아직 해결되지 않은 문제가 있고, 어떤 과제들은 좀 더 가다듬어야 할 테지만, 목표가 있고, 계획의 핵심 요소들이 있고, 관리 프로세스가 있고, 일을 시작할 팀이 있으니 올바른 방향으로 나갈 준비는 끝난 셈이다.

모든 사람들이 일을 시작하고 맡은 일을 처리하고 서로의 활동을 조율하도록 하는 비법 중 하나는 구체적인 과제를 문서로 작성하는 것이다. 그래서 누가, 언제, 무슨 일을 완료해야 하는지 모두가 알 수 있도록 해야 한다. 또 각각의 일이 어떻게 연결되며 지원되는지, 그러한 연결이 어떻게 가능한지, 어디에서 도움을 얻을 수 있는지, 문제가 발생하면 어디서 어떻게 해결할 수 있는지도 보여줘야 한다.

그래서 세부적인 작업계획이 필요하다. 문서로 작성한 작업계획서는 일을 올바른 방향으로 이끌면서 실행을 관리하는 중요한 도구다. 작업계획서에는 필수 사항들을 아주 구체적으로 적어야 한다. 다음은 프로젝트의 성격과 상관없이 공통적으로 작업계획서에 적어야 할 내용이다.

» 달성할 목표와 완료 날짜
» 전체적인 마스터플랜, 주요 행동, 부수적인 행동, 중간 목표를 달성할 날짜
» 총괄 책임자 및 계획의 각 부문을 담당하는 리더
» 계획의 각 부문을 이행하는 단계, 일정, 사람
» 성공을 측정하는 방법 및 척도
» 진척상황 점검 및 조율 회의
» 필요한 자금 및 인력 자원, 그러한 자원을 얻는 방법과 일정
» 도움을 제공하는 소스 및 활용 방법

프로젝트 작업계획서는 일종의 로드맵이다. 팀의 모든 에너지를 목표에 집중시키고, 필요한 자원을 조달하여 성공적으로 계획이 실행되도록 상세한 지침을 제공하기 때문이다.

그러면 세부 계획을 마련하기에 가장 적절한 시점이 언제인지 궁금할 것이다. 제조업이나 금융, 건설업 프로젝트와 같이 활동이 비교적 반복적이고 고정되어 있는 경우에는 초기에 세부 계획을 마련하는 것이 좋다. 관련 요소들이 명확히 드러나 있거나 예측이 가능하기 때문이다. 이 경우에는 높은 효율과 엄격한 통제에 초점을 맞추는 것이 성공의 열쇠다. 질

서정연하고 고도로 구조화된 작업에 익숙한 상황에서는 세부 계획을 미리 수립해서 불확실성을 줄이고 기대 사항을 명확히 규정 필요가 있다.

반면, 변화가 빠르고 불확실한 환경에서는 엄격한 통제보다는 유연성과 즉흥성이 중요하다. 계획을 지나치게 빨리 수립하면 시간 낭비가 되거나 자칫 성공에 방해가 될 수 있다. 이런 상황에서는 실행의 각 단계를 거치면서 계획이 진화하고 발전되기 마련이다. 우선, 전략에 어느 정도의 계획이 들어 있을 것이고 시작회의에서 좀 더 구체화될 것이다. 하지만 실질적인 세부 계획은 실제 행동이 시작될 즈음 그 일에 직접 관여하는 사람들에게서 나올 것이다.

어느 경우든지 철저하게 지켜야 할 기본은 계획을 문서화 하는 것이다. 리더와 코어팀이 마스터플랜을 개발하고 주요 하위 계획들을 수립한 뒤에도 프로젝트가 진행될수록 더 많은 사람들이 하위 계획의 구체적인 행동을 결정하는데 참여하게 될 것이다. 따라서 문서는 소수 전문가들만 보는 학술 문서가 아니라 거기에 관여하는 사람들이 완전히 이해하고 따를 수 있는 지침서가 되어야 한다.

내용이 어느 정도로 세부적이고 포괄적이어야 하는가는 프로젝트의 규모와 복잡성, 업무 수행의 정확성, 참여자들의 숙련도, 함께 일해 본 경험 등에 달려 있다. 익숙하고 일상적인 일이라면 아주 간단한 계획만으로 충분할 것이다. 단순한 프로젝트는 한두 페이지짜리 작업계획서만 가지고도 팀원들이 맡은 일을 수행하고 상사나 다른 사람들과 원활히 소통하는데 문제가 없다. 하지만 복잡한 프로젝트라면 훨씬 더 포괄적인 계획이 요구된다. 댐과 같은 큰 시설물을 건설하거나 대규모 컴퓨터 시스템을 구축할 때는 전시 상황실처럼 수많은 하위 프로젝트들과 세부 업무에 대한 각각의 계획서, 복잡한 보고점검시스템으로 회의실이 가득 찰 것이다.

하지만 프로젝트 규모나 복잡성 정도와 상관없이 좋은 계획을 수립하는데 필요한 요소들은 상당히 단순한 편으로 다음과 같다.

>> 목표와 작업 완료 날짜, 성공 측정법을 정한다.
>> 예측 가능한 모든 단계를 고려하여 포괄적인 행동 단계를 계획한다.
>> 계획이 지체되지 않도록 행동 단계를 순서대로 정렬한다.
>> 필요할 때 각 단계의 시행을 요구한다. 너무 앞서 요구하지 않는다.
>> 리드 타임이 긴 항목들은 일찍 시작한다. 목표 시한을 준수하는데 결정적인 역할을 하기 때문이다.
>> 가능한 많은 일을 동시에 진행해서 속도와 효율성을 최대화한다.
>> 현실적으로 가능한 계획을 세운다. 날짜를 미리 못 박아 두고 '그 정도는 해야 한다'고 사람들을 몰아붙여서는 안된다. 계획서에 적어 넣기 전에 반드시 각 단계의 현실성을 검토해야 한다. (참여자들의 의지를 반영하지 않은 계획은 성공의 확률을 낮춘다.)
>> 신규 팀원들에게 오리엔테이션과 팀워크를 구축할 기회를 제공한다. 사람들이 알아서 잘 할 것이라고 가정해서는 안 된다. 계획서가 다 완성된 뒤에 프로젝트에 합류한 사람도 있을 것이다. 따라서 신규 멤버들에게는 효과적인 오리엔테이션과 교육을 통해 앞으로 진행할 프로젝트와 그들의 역할을 알려주어야 한다.
>> 리스크 점검 단계를 넣어서 오류와 지연 가능성을 줄인다.

» 비상 계획을 마련하여 상황이 잘못될 경우에 대비하고, 리스크가 큰 항목에는 넉넉히 여유를 두어 발생할 지도 모를 지연이나 오류 사태에 대비한다.

» 자금의 출처와 금액, 인력, 기타 필요 자원을 명시한다. 언제, 어느 정도 필요한지도 적는다.

» 진척상황 점검과 조율 회의 일정을 구체적으로 명시한다.

» 도움을 제공받을 수 있는 소스를 구체적으로 명시한다.

» 참여자들의 전화번호와 이메일 주소 등을 적은 목록을 제공한다.

프로젝트 종료시점부터 거꾸로 생각해보자. 목표 달성이라는 최종 결과를 머릿속에 떠올려 보자. 목표 달성 바로 전에는 무슨 일을 할 것인가? 또 그 전에는 무슨 일이 일어나겠는가? 이 과정을 반복하면서 지금 있는 시작 지점까지 거슬러 오면 필요한 모든 단계를 순차적으로 생각할 수 있다.

계획이 복잡할 때는 퍼트PERT나 간트GANTT 차트와 같은 계획 수립 도구나 컴퓨터 프로그램을 사용해 이러한 사고 과정을 문서로 만들 수 있다. 다음은 계획 과정에서 고려해야 할 핵심 요소들을 정리한 것이다.

» 목표 및 완료 날짜

» 전체적인 마스터플랜 : 주요 행동 및 각각의 목표, 중간 목표 달성 날짜, 하위 행동 및 각각의 목표, 주요 일정

» 총괄 책임자 및 각 부문의 담당자

» 각각의 구체적인 단계를 수행할 담당자 및 일정

» 프로젝트 성공을 측정하는 방법과 척도

» 진척상황 점검 및 조율 회의

» 자금 및 인력 자원, 그러한 자원의 사용 일정과 방법

» 도움을 제공하는 소스 및 활용 방법

계획대로 통제하라

계획은 궁극적으로 인간의 활동을 통제하여 목표를 달성하기 위해 사용하는 도구다. 계획은 해야 할 일을 보여주는 로드맵이며 사람들은 계획에 따라 자신에게 할당된 일을 한다.

일이 어떻게 진행되고 있는지, 실질적인 성과는 있는지, 자원은 어떻게 사용되고 있는지 가늠하려면 통제 단계가 있어야 한다. 가장 간단하고 직접적인 통제 방식은 그 일을 맡고 있는 사람이 직접 보고하게 하는 것이다. 이런 보고는 매일 비공식적으로 행할 수도 있고, 정기적인 상황점검회의나 주요 시점별로 하는 회의를 통해 좀 더 엄격하게 행할 수도 있다.

통제의 수준은 사안의 중요성에 달려 있다. 예를 들어, 잠수함에서는 모든 것이 생사와 직결되기 때문에 모든 행동이 철저하게 통제되어야 한다. 그래서 명령을 실행하기 전에 큰소리로 반복하며 확인하는 것이다. 일반 기업에서 이 정도의 정확성을 요구하는 경우는 거의 없지만 진척상황을 지속적으로 확인해서 성공적으로 실행하고 성과물을 얻어야 하는 것은 마찬가지다.

작업계획을 바탕으로 분석한 진척상황 보고서나 주간 또는 월간 상황 보고서를 제출하도록 하는 것도 하나의 방법이다.

모든 구성원들이 목표에 따라 계획을 제대로 실행하고 있는지 점검하려면 아무래도 정기 점검회의가 가장 효과적일 것이다. 프로젝트 총괄 책임자는 목표와 주요 계획들을 점검하고 하위팀의 팀장들은 각자 맡은 부분에 대해 보고한다. 그런 다음 총괄 책임자가 진행상황을 취합하여 마스터플랜과 비교하여 발표한다. 모든 것이 계획대로 진행되고 있다면 점검회의가 아주 간단히 끝날 것이다. 잠깐 와서 보고하고 다시 업무로 돌아가면 되기 때문이다. 하지만 대부분은 계획과 진척상황 간에 차이가 생기기 때문에 점검회의는 대체로 보고와 문제 해결 세션이 혼합된 형태로 이루어진다. 이것이 정기 점검회의의 이상적인 모습이라 할 수 있다.

이 때 부서원들은 계획과 실제 진행상황 간의 차이를 사실대로 보고하고 솔직하게 논의해야 한다. 그래야만 지체된 부분이나 문제를 해결할 수 있는 아이디어를 구할 수 있다. 조율할 문제가 발생하면 팀원들은 즉각 거기에 대처해야 하며, 결정사항은 문서로 공지한다.

진척상황 점검은 프로젝트의 성공에 지대한 영향을 끼치기 때문에 각별히 신경 쓸 필요가 있는데, 아무래도 얼굴을 직접 맞대고 점검을 진행하는 것이 가장 효과적이다. 직접 대면하고 있을 때, 보다 집중적으로 의견을 교환할 수 있고, 상대방의 보디랭귀지를 읽을 수 있으며, 쉽게 서로를 이해할 수 있다.

각 팀이 멀리 떨어져 있는 상황에서도 전화나 화상회의 또는 이메일, 파일 공유 등을 활용하면 비교적 효과적으로 상황을 검토할 수 있다. 이 방법은 참여자들이 각자 맡은 일에 익숙하고, 서로를 잘 알고 있으며, 서로 업무를 긴밀하게 조율할 필요가 없을 때 효과적이다. 요즘처럼 전 세계적으로 업무가 분산되어 있고 이동 경비가 만만치 않은 상황에서는 이 같은 전자적 커뮤니케이션이 유일한 대안인 경우도 많다.

팀이 여기저기 분산되어 있을 때는 총괄 책임자가 직접 각 지역을 방문하여 실제 진행상황을 확인하고 관계자들의 의견을 들어야 한다. 이렇게 직접 찾아다니며 의견을 경청하면 해당 업무를 책임지고 있는 팀장들뿐 아니라 다른 여러 소스로부터도 정보를 얻을 수 있다. 소규모 팀, 대규모 팀, 한 부서, 회사 전체 등 규모에 상관 없이 어떤 그룹의 행동과 업무 성과를 책임지고 있는 사람이라면 계획에 따라 일이 제대로 진행되고 있는지 반드시 자신의 눈으로 직접 확인해야 한다. 그것은 리더의 당연한 책무이기도 하다.

데이터로 보고하라

프로젝트를 잘 통제하기 위해서는 성과 데이터와 재무 데이터를 공지하는 게시판을 꼭 만들어 책임자와 구성원들이 목표에 얼마나 근접해 있는지, 또는 근접해 있지 않은지 볼 수 있게 하는 것이 좋다.

추진하는 프로젝트의 세 가지 기본사항, 즉 실질적인 성과, 마스터플랜에 제시된 주요 활동의 진척상황, 예산 대비 지출을 추적해야 한다. 이 세 항목을 통해 전체적인 상황을 볼 수 있기 때문이다. 이 중 어느 하나라도 계획에서 벗어나 있다면 상황을 분석해보고 다시 정상 궤도로 올리는 방법을 강구해야 한다.

때로는 계획 자체를 수정해야 할 때도 있다. 하지만 이는 신중하게 결정해야 할 문제다. 상당한 근거가 있거나 처음 목표 수립에 참가한 주요 당사자들 간의 합의가 있지 않은 한, 원래 목표는 수정하지 않아야 한다. 일반적으로 계획을 수정하고 싶은 유혹에 굴복하기보다는 원래 계획대로 맞춰갈 방법을 찾았을 때 성공할 가능성이 더 높다.

실질적인 성과

성과는 올바르게 측정되어야 한다. 예를 들어, 프로젝트의 목표가 어떤 화학 공정의 가동시간을 높이는 것이라면 특정 기간의 총 가동시간 대비 실제 처리시간의 비율을 측정해서 추적하면 된다. 보험에서 배상처리 과정의 실수를 줄이고자 한다면 먼저 오류의 구성 요소를 정확히 정의하고 특정 시간 동안 발생한 오류의 회수를 계수하여 추적해야 한다.

올바른 성과 측정법을 수립하고 보고하는 일은 매우 중요하다. 측정과 보고 절차가 마련되어 있지 않다면 시간을 투자해서라도 만들어야 한다. 대부분의 경우 조금만 눈여겨보면 여러 가지 측정법과 데이터를 찾을 수 있기 때문에 자신의 프로젝트에 맞는 것을 찾기만 하면 된다.

과거보다 성과를 높이는 것이 목표라면 기준 시간을 정해서 보고 차트에 시간선을 표시해야 할 것이다. 배상처리 과정의 오류를 작년의 절반으로 줄이고자 한다면 당연히 기준 시간인 작년의 총 오류 개수를 알아야 할 것이다. 작년에 발생한 오류를 정확히 계수하지 않았고 자료도 찾을 수 없다면 현재 시작 값을 기준선으로 잡을 수도 있다.

사실상 인간의 모든 활동은 숫자로 표현할 수 있다고 해도 과언이 아니다. 성과 정도에 따라 숫자가 변하는 항목과 시간 간격, 생산품의 수 등 계수시기를 결정할 체계적인 방법만 있으면 된다. 프로젝트의 목표를 이 수준으로 압축할 수 없다면 프로젝트의 근거가 모호하거나, 이해 수준이 피상적이거나, 최종 결과가 목표에 미달할 것이라는 신호일 수 있다. 이 같은 신호를 감지하고 성과를 한 눈에 볼 수 있도록 하는 것으로 '성과차트'가 있으며 다음과 같은 단계에 따라 만든다.

1. 가로축에는 변화하는 시간값을 적는다.
2. 세로축에는 최종 성과 변수의 측정값 변화량을 적는다.
3. 과거의 성과 값을 기준선으로 표시한다.

●● 성과차트

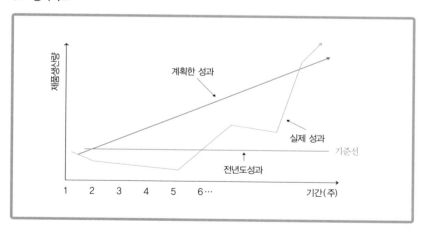

4. 기준선부터 목표점까지 대각선을 긋는다. 이 선은 계획에 따른 이상
   적인 성과 개선 값을 보여준다.
5. 프로젝트가 진행되면 주별로 실제 성과 값을 표시한다.
6. 프로젝트 참여자들이 볼 수 있는 곳에 차트를 게시하고 복사물을 모
   든 핵심 참여자들에게 나눠준다.

이렇게 데이터를 게시하면 프로젝트가 실제로 성공하고 있는지를 모든
사람들이 쉽게 확인할 수 있다. 계획한 대로 그래프가 움직이지 않으면
잠시 진행을 멈추고 상황이 어떻게 진행되고 있는지 조사하고 적절한 조
치를 취해야 한다.

주요 활동의 진척상황

프로젝트 계획서에 명시된 각 단계별 진척상황도 추적해야 한다. 계획 대
비 실제 성과를 보기 위해서다. 이는 원활한 통제를 위한 두 번째 핵심 요
소로, '행동차트'를 이용해 상황을 계획하고 통제할 수 있다. 차트를 그리
는 절차는 다음과 같다.

1. 가로축을 따라 변화하는 시간 값을 적는다.
2. 프로젝트 계획서에 명시된 주요 행동을 나열하고, 각각의 진행 시점
   을 수평축 위에 표시한다.
3. 주요 회의 및 진척상황 점검 일정을 표시한다.
4. 주요 행동이 완료되면 차트와 비교하여 진척상황을 기록한다.

	0	1	2	3	4	5	6	7	8	9	10	11
마스터플랜 행동 차트												
프로젝트 출범												
제품 스펙 결정												
기기 설계												
제조 준비												
마케팅 프로그램												
영업 및 유통 프로그램												
재무 제어 프로그램												
보수 및 서비스 프로그램												
제품 출시												
주요 관리 점검회의		×					×					×
프로젝트 진척상황 점검회의	×	×	×	×	×	×	×	×	×	×	×	×

이와 같은 행동차트를 사용하면 계획에 따라 일이 진행되고 있는지를 한눈에 볼 수 있다. 성과차트에서와 마찬가지로, 계획보다 일정이 뒤쳐지는 것으로 드러나면 잠시 멈추고 현재 진행되는 상황을 점검하여 수정 조치를 취해야 한다.

예산대비 지출

그럼 이제 지출 예산에 비추어 인력, 공급 물자, 기타 자원에 대한 실제 지출을 살펴볼 차례다. 이를 위해 '예산대비 지출차트'를 활용할 수 있다. 예산대비 지출차트는 다음과 같은 단계를 거쳐 준비한다.

1. 프로젝트 예산에 명시된 주요 지출 항목과 기간별(보통 주, 월, 분기별) 지출 예산을 나열한다.
2. 프로젝트가 진행되는 동안 발생한 항목별 실제 지출을 기입하고, 해당 기간 내의 초과 및 미달 금액을 계산하여 계획 대비 실제 지출을 누적, 추적한다.

이 때도 마찬가지로 지출이 계획을 벗어나면 상황을 조사하여 적절한 조치를 취해야 한다.

성과물, 중간 목표, 자원을 이런 식으로 점검하면 프로젝트 통제에 대해서는 더 이상 염려할 필요가 없다. 측정한 수치를 토대로 작성한 보고

●● 예산대비 지출차트

월	1	2	3	4
지출 예산				
인력	10,000	10,000	10,000	
자재	2,000	2,000	2,000	
서비스	3,000	3,000	3,000	
총계	15,000	15,000	15,000	
실지출				
인력	10,000	10,000	10,000	
자재	2,000	2,000	1,000	
서비스	3,000	7,000	2,500	
총계	15,000	19,000	13,500	
월별 초과/미만 내역	0	-(4,000)	+1,500	
현재까지 총계	0	-(4,000)	-(2,500)	

서를 활용하면 필요한 일에 집중할 수 있기 때문에 제한된 시간과 예산 안에서 목표를 달성할 확률이 높아진다.

계획과 통제의 함정

눈에 보이는 모든 것을 측정하고, 보고시스템에 온갖 경고 신호를 넣어두고 싶은 유혹을 느낄 수 있다. 하지만 그럴 필요는 없다. 성과 추적은 단순할수록 좋다. 이미 효과가 입증된 측정법과 보고 체계를 사용하자. 성과차트는 간단하고, 읽기 쉽고, 시의 적절하게 만들어서 그 자료를 필요로 하는 모든 사람들이 잘 활용할 수 있게 해야 한다. 그러한 차트가 없다면 한정된 시간과 예산 내에 프로젝트를 통제하며 목표를 달성하기가 거의 불가능하다. 반면, 보고서의 종류가 너무 많으면 그 속에 파묻혀버리기 때문에 차트 없이 일하는 것만큼이나 갈피를 잡지 못할 수 있다.

계획 수립이 갖는 위험성 중 하나는 그 일 자체가 하나의 큰 일거리가 되어버릴 수 있다는 점이다. 공식 기획단이나 컨설턴트에게 복잡한 계획을 맡겼을 때는 더욱 그러하다. 고민하고, 계산하고, 차트를 그리고, 점검하느라 몇 날 며칠을 허비할 공산이 크다. 그러다 보면 완벽한 계획을 수립하는 것 자체가 목표가 되어버린다.

우리의 목표는 완벽한 계획을 만드는 것이 아니다. 현장에서 실제로 일하는 사람들로부터 효과적인 행동을 끌어내는 것이다. 그러니 완벽한 계획을 수립하는데 너무 많은 것을 투자하지는 말자. 주요 행동과 일정만 가지고 대략적인 장기 계획을 수립하자. 그런 다음, 장기 계획의 틀 안에서 30일, 60일, 90일 등의 단기 계획을 구체적으로 수립하면 된다. 그러면 마치 축구 선수들처럼 재빠른 플레이로 장애물을 피하며 목표를 향해 나아가게 될 것이다. 단기 행동 계획은 매순간 당면한 현실에 맞추어 실행된다. 그러나 축구 선수들이 우승이라는 큰 목표를 염두에 두고 뛰는 것처럼 단기 행동들도 프로젝트의 궁극적인 목표에 맞추어 진행해야 한다.

　잠정적인 1차 계획은 시작회의에서 수립할 수 있으며 또 그렇게 하는 것이 적절하다. 그런 다음 프로젝트를 진행하면서 좀 더 구체화하고 가다듬어 나가면 된다. 하지만 프로젝트 초기에 불붙듯 일어나는 열정과 에너지를 구체적인 행동으로 승화시켜줄 필요가 있다. 단순히 어떤 일을 시작하는 것이 아니라 지금 하는 일이 최종 목표 달성에 직결된다는 느낌을 주면 사람들이 더욱 신이 나서 일을 할 것이다. 84쪽의 체크포인트를 이용해 장단기 계획을 수립해 보자.

장기 계획

목표, 주요 활동, 중간 목표와 각 완료 날짜 등 프로젝트의 장기 계획을
대략적으로 수립한다.

목표 :

총괄 책임자 :

주요 활동	관리자	중간 목표	Q1 중간 목표	Q2 중간 목표	Q3중간 목표	Q4 등

단기 계획

단기 작업을 하나 선택하여 거기에 대한 구체적인 작업계획을 수립한다.

목표 :

팀장 :

팀원 :

단계	책임자	시작날짜	완료날짜	현 상태

※ 책임자가 1명 이상일 때는 주 책임자를 동그라미로 표시한다.

요구할 건
확실하게 요구하라

지금까지 우리는 과제의 틀을 잡는 지적인 작업, 전략과 팀을 구축하는 정치적인 작업을 거쳐 시작회의라는 연극무대처럼 극적인 작업을 수행했다. 그런 다음, 계획과 일정, 예산, 통제 방법을 개발하는 기술적인 단계에 착수했다.

이 과정을 거치면서 당신은 지속적으로 사람들에게 요구를 했다. 과제의 내용을 명확히 하기 위해, 코어팀을 모으고 전략을 수립하기 위해, 시작회의를 하고 계획을 수립하기 위해 요구를 한 것이다. 이 장에서는 이러한 요구의 절차를 자세히 살펴볼 것이다. 어떻게 요구하느냐가 프로젝트의 성공에 지대한 영향을 끼치기 때문이다.

실행에 생기를 불어넣는 추진력은 기본적으로 성공과 지배, 즉 권력을 행사하고 싶어 하는 인간의 욕망에서 나온다. 바로 이 욕망이 일을 성사시키고 잠자던 사람들을 깨운다. 말 많고 의심 많은 사람들을 열렬한 옹

호자로 만들며 냉소적인 사람들을 적극적인 지지자로 만든다. 반대파를 찬성파로 돌리거나 적어도 중도파로 만든다.

하지만 현대 조직에서는 공공연한 권력 행사를 금기시하고 있다. 특히 상상력, 협력적이고 조화로운 행동, 강력한 동기부여가 업무의 생산성과 직결되는 아이디어 중심 조직에서는 권력 행사가 그러한 요소들을 질식시킨다고 본다. 그래서 전문가들은 권력 행사를 지양하고, 대신 생산적인 업무를 독려하고 자발적인 관리를 권장하는 환경과 문화를 만들라고 역설한다.

그러나 아무리 그러한 부분에 민감한 조직이라도 권력은 엄연히 존재한다. 관리자는 요구를 통해 권력을 행사한다. 성공적인 실행의 이면에는 반드시 효과적인 요구가 있으며, 관리자는 요구를 통해 부서원들의 에너지를 목표 달성에 집중시키고 제한된 시간과 예산 내에서 보다 높은 목표를 달성하도록 이끈다. 겉보기에 아주 조화롭고 평등해 보이는 현악 4중주단도 한 명의 신호에 따라 나머지 단원들이 연주를 시작하고, 템포를 조정하며, 활기를 띠게 된다. 요구가 전혀 없는 조직에서는 생산적인 일이 일어나지 않는다. 다만 문제는 이 요구를 어떻게 잘 하느냐다.

요구의 방식은 자칫 다음의 양 극단으로 흐를 수 있다. 한 가지는 폭압적인 군주형으로, 사람들을 압박해서 협력을 얻어내는 유형이다. 다른 극단은 수동적이고 지지적인 코치형으로, 사람들을 편하게는 하지만 일에 활력을 불어 넣지 못하는 타입이다. 이 두 모델은 모두 피해야 한다.

실행을 잘 하려면 요구의 기술에 정통해야 하며, 해야 할 일이 있을 때 그것을 각 상황에 맞게 구체적인 지침으로 제시할 수 있어야 한다. 효과적인 리더십을 발휘하기 위해서는 분명한 방향 감각, 그 방향을 추구하기 위한 원칙, 성실성 등 다양한 요소가 뒷받침되어야 한다. 또 성공에 대한 감각도 필요하다. 사람들이 리더를 따르는 이유는 위에 나열한 요소들 때문이기도 하지만 그가 성공하는 법을 알고 있기 때문이기도 하다. 그러한 리더와 함께 일할 때, 더욱 힘이 나는 것은 당연하다.

실행에 성공하려면 요구를 통해 생산적인 반응을 유도해야 한다. 업무가 복잡하고, 관성의 힘이 거세고, 반대가 많고, 관리자의 리더십이 혹독한 시험대에 오른 경우라면 그러한 요구 기술이 더욱 절실할 것이다.

요구의 기술

효과적으로 요구하려면 아래의 다섯 가지 측면을 이해하고 실천해야 한다.

- » 명확한 요구
- » 효율적 제시
- » 개인별 차이
- » 요구 전 준비
- » 요구 후 상황

이 다섯 가지를 완전히 마스터하면 능숙하게 사람들을 움직이면서 노력의 효과를 배가시킬 수 있다.

명확한 요구

요구 내용을 명확히 하자. 당연한 말처럼 들릴지 모르지만 실제로는 상당히 중요하면서도 실천하기 쉽지 않은 문제다. 관리자가 잔뜩 열이 받아서 사람들을 비난하고 협박하고 회유하지만 다음 할 일을 논리적으로 제시하지 못한다고 생각해 보자. 직원들은 그가 정확히 어떤 방향을 말하는지 모르기 때문에 회의가 끝난 후에도 바뀌는 것이 전혀 없다.

한편, 똑똑하고 언변이 뛰어난 관리자가 일장연설을 통해 온갖 이야기를 늘어놓고는 직원들이 알아서 정리하게 했다고 치자. 아마도 이 관리자는 직원들의 업무 성과에 만족하지 못할 것이다. 나아갈 방향과 다음 단계를 구체적으로 제시하지 않았기 때문이다.

어떤 관리자들은 자기 방어적이고 모순적인 방향을 제시한다. 혁신을 촉구하면서 실수하지 말라고 하는 것이 그러한 예다.

그런 실수는 이제 그만 하자. 상대방에게 구체적으로 무엇을 요구할 지 신중하게 생각하자. 그리고 2단계에서 설명한 '명확한 과제 규정' 지침에 따라 문서로 작성하자.

효율적 제시

과제를 어떻게 요구하는가도 상당히 중요하다. 1대1로 긴밀하게 요구할 지, 여러 사람이 참석한 회의석상에서 요구할 지, 문서로 할 지, 복도를 걸으며 할 지, 전화로 할 지, 음성 메시지로 할 지, 이메일로 할 지, 밖에서 점심이나 저녁식사를 같이 하면서 할 지, 어떻게 하는 게 좋을 지 상대방의 입장에서 생각해 보자. 상대방이 과제를 이해하고, 받아들이고, 헌

신적으로 수행하도록 하려면 어떻게 요구하는 것이 가장 좋겠는가?

개인별 차이

상대방에 따라 요구의 수준을 조정하자. 세상에 똑같은 관계란 없다. 요구의 효율성을 높이기 위해서는 요구자와 피 요구자의 관계를 충분히 고려해야 한다. 수년 동안 함께 일해 온 사람들은 그 기간만큼 함께 상호작용한 역사가 있다. 그래서 상당 부분은 말하지 않아도 통할 것이고, 몇 마디 말이나 제안만으로 새로운 일을 시작할 수도 있다.

남의 밑에 있기 싫어하며 스스로 알아서 일을 찾아서 하는 스타일의 사람들은 제시된 요구에 반발할 수도 있다. 사전에 그 문제를 보지 못했거나 적절한 조치를 취하지 못했다는 비난으로 듣기 때문이다. 이런 사람들에게는 단도직입적인 요구보다는 질문으로 시작하는 것도 좋은 방법이다. 그에게 '문제에 대해 어떻게 생각하는지' 먼저 물어보자. 그러면 스스로 머리를 굴리고 아이디어를 쏟아내며 행동을 준비할 것이다. 그렇게 되면 요구자와 피 요구자가 간단한 대화만으로 이후의 행동 일정을 구체화할 수 있다.

이전과 완전히 다른 일을 시키거나, 뭔가 부족한 상황을 감수하도록 하거나, 더 높은 목표를 달성하라고 할 때는 요구하기가 더 어렵다. 그러한 요구를 할 때는 반드시 사전준비가 필요하다. 앞의 '명확한 요구' 항목에서 설명한 내용을 바탕으로 핵심 사항에 대한 프레젠테이션을 준비해야 한다. 이러한 요구는 양측 모두에 스트레스가 될 수 있기 때문에 심리적으로도 준비를 해야 한다.

요구 전 준비

이제 상대방에게 요구할 준비를 하자. 요구가 일방적인 메시지만 전달하는 것이라면 굳이 어려울 것이 없다. 하지만 요구는 쌍방향으로 이루어지는 역동적인 상호작용이다. 요구를 받은 사람은 그 즉시 생각하고 반응하기 시작한다. '이게 뭐지?' '정말로 요구하려는 건 뭘까?' '내가 왜 지금 이 과제를 받고 있을까?' '다른 일들을 하면서 이 일을 병행할 수 있을까?' '내가 어제 맡은 일과 서로 보완되는 일일까, 아니면 상충하는 일일까?' '지난 주에 다른 사람이 똑같은 일을 맡지 않았나?' '이 일을 진행할 때 도움은 어디서 얻을 수 있을까?' 때로는 요구자가 상대방의 이런 반응을 감지하고는 이것저것 답변하다가 실제로 해야 할 이야기를 놓치는 경우가 있으니 주의해야 한다.

변화의 폭이 크고 과제가 어려울수록 피 요구자가 반발할 가능성이 크다. '말도 안 되는 소리'라며 서슴없이 목소리를 높일 수도 있다. 요구자는 그러한 반응에 대비한 사전 준비를 해야 한다. 조용히 리허설을 해보는 것도 좋다. 당신이 작성한 과제 내용을 혼자서 큰소리로 읽어보자. 괜찮게 들리는가? 분명하게 행동을 주문하고 있는가? 과거의 일과 연결이 되는가? 적절한 수준의 도전 정신을 요하는 과제인가? 현 상황과 과제로 주어질 상황을 비교할 때 가능성이 있는가? 누가, 언제, 어디서, 무엇을, 어떻게, 왜라는 질문에 답할 수 있는가?

동료나 직원, 컨설턴트에게 읽어주고 위 질문들에 대한 그들의 반응을 살펴볼 수도 있다. 피 요구자의 입장에서 볼 때 무엇이 문제이고 반응은 어떨 것 같은지를 말해 달라고 하자.

요구 후 상황

요구를 종료하기 전에 다음 단계를 명확히 하자. 과제를 요구한 뒤에 어떤 일이 일어날 것인가? 피 요구자가 바로 그 일을 시작하겠는가? 1~2일 내에 작업계획서를 검토할 것인가? 1~2주 내에 진척상황 보고서를 받아볼 것인가? 다음 주 중에 점검회의를 할 것인가?

당신이 원하는 것을 분명히 하자. 연못에 돌멩이를 던져 놓고 파문이 이는 것만 보고 끝낼 일은 아니다. 당신은 실행을 통해 정해진 목표를 달성해야 하는 작업 프로세스를 이제 막 시작한 것이다. 따라서 다음 단계를 분명히 해야 한다.

요구 내용 작성

요구한 과제의 내용을 서면으로 작성하자. 자세한 내용은 2단계 '추진과제를 명확히 정하라' 를 참조하기 바란다.

요구의 심리학

새로운 과제를 전달할 때는 언제나 감정이 개입된다. 마음속 깊은 곳에서는 요구자나 피 요구자 모두 감정의 영향을 받는다.

요구자의 입장

요구자는 언제나 상대방의 반응을 염려한다. 피 요구자가 이 일을 할 기회를 얻게 되어 기뻐할 것인가? 요구 내용을 잘 이해할 것인가? 반발할 것인가? 과제를 철회하게 될 것인가? 내가 원하는 목표나 완료 날짜에 대한 근거를 대야 할 것인가? 피 요구자가 어떤 도움과 자원, 교육, 도구를 제공해 달라고 요구할 것인가? 이미 업무 과다에 시달리는 사람에게 일을 더 주는 것은 아닌가? 내가 처리할 수 없어서 다른 사람에게 떠넘기는 것은 아닌가?

이런 걱정거리가 마음에 쌓여 있으면 제대로 요구하기가 어렵다. 요구할 때 물론 타협의 여지가 전혀 없는 것은 아니다. 하지만 상대방이 과제를 진지하게 받아들이도록 사전에 잘 준비해야 한다. 요구의 필요성에 대해 충분히 생각하고 스스로 느껴보자. 그래서 그 행동의 필요성에 확신을 갖게 된다면 반발이 있더라도 거기에 맞서서 소신을 지킬 만큼의 자신감을 갖게 될 것이다. 이 장의 마지막에 있는 체크포인트를 이용해서 자신의 요구 방식을 살펴보고 개선방법을 찾아보자. 여기에는 '요구/응답 과정'에서 고려해야 할 주요 사항들이 요약되어 있다.

피 요구자의 입장

과제가 흥미를 유발하는 것이라면 기분이 좋겠지만, 부담스럽거나 이해가 잘 안되거나 모욕당하는 느낌이 든다면 부정적인 감정이 들 수밖에 없다. 때에 따라서는 '부담스럽더라도 어쩔 수 없이 해야 한다' 고 생각하는 경우도 있다. 그래서 내키지 않는 과제를 받아 들고 스트레스와 피로를 느끼기도 하고, 결국 목표와 다르게 일을 처리하고 대가를 치르기도 한다. 요구를 받는 순간에는 그냥 그대로 받아들이는 편이 마음 편할지 모르지만,

자신의 생각을 솔직히 이야기하고 세부적인 부분까지 논의한 뒤에 충분히 납득할 수 있을 때 과제를 받는 편이 결과가 훨씬 좋을 수밖에 없다.

요구 관계의 역학

부하직원이 한 명밖에 없는 관리자라면 요구의 역학이 1:1로 아주 단순하다. 당신이 요구하면 부하직원이 그대로 따르거나 타협할 것이기 때문이다. 하지만 보통은 부하직원과 지원부서 직원, 동료, 상사들까지 포함된다. 그러면 1:1이 아니라 1:3, 경우에 따라서는 1:6 이상이 되기도 한다.

지원부서 직원이 있을 때는 94쪽 그림과 같은 삼각관계가 된다. 기본 역학은 이렇다. 요구자가 요구사항과 과제를 부하직원에게 직접 전달한다. 그러면 프로젝트 리더가 된 이 부하직원이 다시 지원부서 직원에게 도움을 요청한다. 지원부서 직원은 프로젝트 리더를 지원한다.

이때 상대적인 역할을 분명히 하는 것이 중요하다. 각각의 사람들은 여기에 왜 참여하는지, 기여하는 바는 무엇인지, 작업을 주도할 사람이 부하직원인지 지원부서 직원인지 분명히 정해두어야 혼란을 미연에 방지할 수 있다.

이 때, 일반적으로는 프로젝트 리더가 될 부하직원에게 후원자가 직접 요구하는 것이 바람직하다. 요구의 내용은 과제 요약서에 적혀 있을 것이다. 그리고 필요에 따라 지원부서 직원이 과제 수행자에게 지원을 제공하게하면 된다.

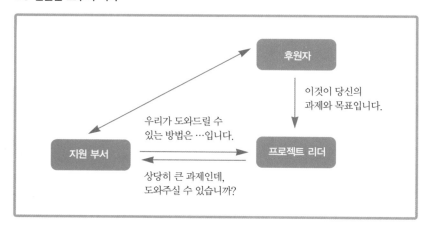

만약 지원부서 직원에게 당신 대신 진행상황을 감독하도록 요구하고 있다면 문제의 소지가 있다. 당신과 부하직원 사이에 직접적인 보고 관계가 있어야 하는데, 이 경우에는 지원부서 직원에게 스파이 노릇을 하라고 요구하는 것이기 때문이다.

이도 저도 아니라 부하직원과 지원부서 직원에게 공동 책임을 주는 분위기를 풍기면 두 사람 다 혼란에 빠질 것이다.

요구를 할 때뿐만 아니라 이후의 과정에서도 누가 주 책임을 갖는지 명확히 해야 한다. 리더가 자신이 한 말과 모순되게 행동한다면 당연히 문제가 따를 것이다. 과제는 부하직원에게 맡기고 모든 중요한 논의는 지원부서 직원이나 다른 사람들과 한다면 의문이 생길 수밖에 없다. 누군가에게 책임을 맡겼으면 그 사람이 책임질 수 있게 도와주고 또 에너지를 쏟을 수 있도록 해야 한다. 아는 것도 많고, 정력적이고, 일의 성공을 주도하려는 불도저 스타일의 관리자들에게는 쉽지 않은 일이다. 하지만 자신의 영향력을 배가하고 조직의 역량을 구축하려면 그렇게 해야 한다.

뒷짐만 진 채 실제 진행상황을 점검할 필요가 없다는 말이 아니다. 다만 그러한 점검이 프로젝트 리더의 역할을 저해하지 않고 강화하는 방식으로 이루어져야 한다는 말이다.

다른 기능 단위가 관여하는 경우에는 96쪽의 육각 관계처럼 상황이 좀 더 복잡해진다. 이러한 상황에서는 모든 당사자들이 과제를 이해하고, 각자의 역할과 책임을 잘 알고 있도록 해야 한다. 최종 결과에 대한 주된 책임이 누구에게 있으며 누가 주도권을 쥐고 그것을 관리하는지 참여자 모두가 잘 알아야 한다.

과제를 문서로 작성하면 이러한 문제를 발견하고 해결책을 찾는데 큰 도움이 된다. 할 일을 분명히 규정함으로써 거기에 대해 서로 인정하고 합의할 수 있기 때문이다.

요구의 힘

요구 내용을 신중하게 고민해서 계획하고 나면 이 프로젝트를 통제할 수 있다는 자신감이 생길 것이다. 해야 할 일을 깊이 숙고한 다음 적절한 사람들에게 올바른 방식으로 요구하면 모든 관계자들이 '긍정적인' 느낌으로 임하게 된다. 피 요구자들은 자신의 책임과 역할, 일정을 분명히 알게 될 것이고, 업무를 적절히 분담함으로써 팀원들 간에 상호 이해의 분위기

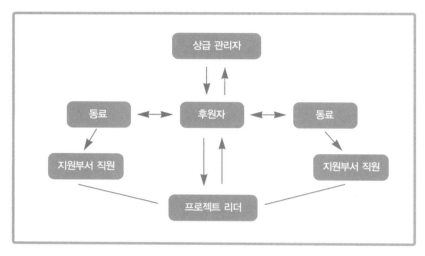

가 형성될 것이기 때문이다.

이러한 느낌은 목숨이나 생계를 위협받는 상황에서 느끼는 위기감과 비슷한 면이 있다. 위기의식은 실행의 효과를 높이는 강력한 동인이다. 과제와 요구가 좋으면 위기상황에서와 같은 강렬한 충격파를 만들어낼 수 있다. 시급하고 중요한 문제를 다루기 위해 조직을 잘 준비하고, 철저한 계획 하에 분명하게 요구하면 일사불란한 행동과 막강한 힘을 끌어낼 수 있다.

효과적인 요구를 위한 체크리스트

(각 항목에 '전혀 그렇지 않다' '가끔 그렇다' '자주 그렇다' 로 답하며
체크해보자.)

목표의 규정

요구사항에는 분명한 포커스와 책임 여부가 포함되어야 한다. 당신은 다
음과 같은 실수를 얼마나 자주 범하는가?

❶ 목표를 너무 많이 잡는다.

❷ 요구사항을 모호하고 측정하기 힘든 용어로 설명한다.

❸ 우선 처리 과제를 자주 바꾼다.

❹ 목표 날짜를 너무 멀리 잡는다.

❺ 결과에 대한 책임을 명확히 규정하지 않는다.

❻ 목표에 대한 피 요구자의 생각이 나와 같은지 확인하지 않는다.

요구사항의 규정

사람들이 목표를 향해 매진하도록 하려면 강인한 정신과 신념, 인내심
등이 필요하다. 지금 당신은 다음과 같이 하고 있지 않는가?

❶ 다른 직원들이 불가능하다고 주장하면 목표를 낮추거나 시간을 더 준다.

❷ 역으로 돌아오는 제안를 받아들인다. ("다른 부서에서 ……를 하도록
해주면 그것을 하겠다.")

❸ 동의가 불분명해도 그냥 넘어간다. ("한번 시도해보겠다.")

❹ 하나를 받고 하나를 내주는 시소게임을 한다. ("A를 하는 대신, B는
하기 어렵다.")

❺ '반드시' 가 아니라 '가능하면' 목표가 달성되어야 한다는 신호를 보
낸다.

⑥ 직원들이 당연히 해야 할 일에도 인센티브를 준다.

⑦ 책임 회피를 묵인한다. ("수지에게 이 일을 맡기겠다. 조만간 수지가 연락할 것이다.")

성과의 확인

사람들이 반드시 목표를 달성하게 하려면 작업계획을 수립하고, 일정을 명확히 규정하고, 정기적으로 진척상황을 점검해야 한다. 작업계획 이행 과정에서 취약한 부분은 없는가?

① 목표 달성 과정을 구체적으로 기록한 작업계획서를 만들지 않는다.

② 정기적으로 진척상황을 점검하지 않고 마감일까지 기다리거나 문제가 발생했을 때만 점검한다.

③ 프로젝트의 성공 또는 실패가 큰 차이를 만들어 낸다는 사실을 직원들이 믿지 않는다.

④ 직원들이 연구, 훈련, 재정비, 분석 등의 준비 과정에 매달리느라 실질적인 실행을 미뤄도 별다른 조치를 취하지 않는다.

⑤ 진척상황 보고서가 상세하지 않아서 문제점을 찾아내기 어렵다.

⑥ 프로젝트가 잘 진행되지 않아도 직원들을 강하게 문책하지 않는다.

피요구자의 반응에 대처하는 방식

성공의 가능성을 보지 못하는 사람들은 반발할 것이다. 그들의 반응을 이해하자. 하지만 프로젝트의 가능성에 대한 당신의 확신이 약해져서는 안 된다. 부정적인 감정 때문에 일을 추진하는 당신의 역량이 저해되고 있지는 않은가?

① 지금도 이미 업무가 과다하다고 생각하는 직원들에게 요구할 때 마음이 매우 불편하다.

❷ 목표 달성법에 대해 스스로 확신하기 전까지는 다른 직원들에게 시도
해보라고 요구하지 못한다.

❸ 어려운 업무를 요구하면 피 요구자와의 관계가 나빠질까봐 걱정된다.

❹ 반발에 부딪히면 감정을 억제하지 못해 심하게 화를 낸 뒤, 나중에 사
과하는 경우가 종종 있다.

❺ 직원들이 사표를 내고 경쟁사로 이직할까봐 걱정된다.

❻ 직원들이 업무 스트레스를 받으면 자책감을 느낄까봐 스스로 그 일을
대신 떠맡는다.

점수

'가끔 그렇다'를 1점, '자주 그렇다'를 3점으로 해서 점수를 합산해 보자.

▶ 50점 이상

당신은 행운아다. 요구 기술을 가다듬으면 성과를 대폭 높일 수 있는
잠재력이 있다.

▶ 25~50점

위 사람만큼 행운아는 아니지만 아직 기회가 많다.

▶ 10~25점

당신은 대체로 직원들에게서 원하는 것을 끌어낼 수 있다. 하지만 개
선의 여지는 있다.

▶ 10점 이하

당신을 정말 잘 아는 사람과 함께 설문 문항에 다시 답해 보자.

진행상황을
철저히 관리하라

조직이나 팀을 움직여 실행에 착수하는 일은 무거운 훌라후프를 돌리는 것과 같다. 시작하기가 어렵고 초반에는 불안정하게 기우뚱거린다. 이때 허리를 빠르게 밀고 당겨서 모멘텀을 만들어야 한다. 한번 모멘텀이 생기면 그 다음부터는 가볍게 돌릴 수 있다.

지금까지 이 책을 읽으며 계속 실습을 해왔다면 무거운 훌라후프를 드는 작업을 한 셈이다. 과제를 구체화하고, 코어팀을 조직하고, 전략을 짜고, 지지자를 모으면서 전략을 시험하고, 시작회의를 하고, 작업계획과 통제 방법을 구축하고, 요구를 한 것이다.

이제 문제는 '어떤 노력을 얼마나 기울여서 지속적으로 일이 굴러가게 할 것인가'이다. 무거운 훌라후프를 가볍게 돌리기 위한 '적당한 힘'이 필요할 때다.

두 가지 극단은 피하자. 하나는 통제에 중독된 강박적인 리더이고, 다른 하나는 '알아서' 하도록 내버려두는 자유방임형 리더이다.

강박적으로 통제하려는 성향이 있는 리더는 온갖 일에 참견하고, 밤낮으로 사람들에게 전화하고, 모든 회의에 드나들며 작업의 흐름을 흩뜨려 놓는다. 그러면서 눈앞의 부실한 성과에 좌절하고 자신뿐 아니라 팀 전체의 활력과 사기를 소진시켜 버린다. 이런 유형의 리더는 계속해서 '완벽한' 사람을 찾아다니다가 결국 인간의 한계를 깨닫고 난 뒤에야 환상에서 깨어난다. 이들은 때때로 컨설턴트의 도움을 구하기도 하는데, 그 도움을 자신의 태도를 강화하고 단순히 일을 더 하는 데만 사용한다면 그다지 생산적이지도 않을 뿐더러 근본 패턴도 변하지 않을 것이다.

반면 자유방임형 리더는 사무실에 들어앉아서 자신이 움직이지 않는 이유를 합리화한다. "이제 남은 건 직원들 몫이야. 난 각자가 책임 있게 행동해야 한다고 수백 번도 더 말했다고. 난 그들이 스스로 알아서 할 기회를 주는 거야." 이런 유형의 리더는 직원들이 일을 하도록 자극하기 위해 인센티브나 실적 평가에 의존하는 경향이 있다. 물론 보상이 필요할 때가 있고 나름의 효과도 있지만 잠재적으로는 부정적인 영향을 끼칠 수 있다. 금전적인 보상은 일회성으로 끝나고 말거나 조직의 미션과 다른 방향으로 일을 몰아갈 가능성이 있다. 실적 평가도 아주 효과적으로 하지 않는 한 오히려 반발을 일으키거나 관심을 분산시킬 수 있다. 이와 같은 자유방임형 리더에게 성공이란 아주 우발적으로 얻어지는 결과일 뿐이다. 이 두 형태의 극단적인 리더들은 모두 '적절한 개입'과 거리가 멀다.

적절한 개입이란 일이 실제 진행되도록 이끌면서 사람들의 성장을 돕는 효과적인 후속관리 follow-up를 말한다. 어느 정도가 적절한가는 조직의 성격이나 문제, 상황에 따라 다르기 때문에 여러 차례의 실험과 테스트를 거치며 찾을 수밖에 없다. 효과적으로 진행에 개입하는 리더는 현실적인 성과, 참여와 학습의 심리전, 그리고 (상사나 동료, 고객, 이사회, 노조, 규제 당국 등 결과와 겉모습을 바탕으로 평가하며 상당한 영향력을 행사하는 집단의 눈에 '어떻게 비칠 것인가'라는) 정치적인 압력 사이에서 균형을 유지한다.

다음 사례는 그 균형을 잡는 과정에서 리더가 처할 수 있는 두 가지 딜레마를 보여준다.

•• 앤드류는 그의 신문사에서 현재 실시하고 있는 업무 프로세스를 수립하기 위해 상당한 공을 들였다. 그는 그 일이 그만한 가치가 있는 일이라고 확신했다. 지난 2년간 연속적으로 시행한 3개월 계획과 분기별 목표 설정은 그 효과가 충분히 입증되었다. 생산성이 올라갔고, 품질이 개선되었으며, 생산 원가는 내려갔다. 직원들의 사기도 올랐다. 직속 부하직원들은 앤드류의 개입이 전보다 훨씬 적은 상태에서도 책임감 있게 맡은 영역을 처리하고 있었다.

하지만 지금 앤드류는 감옥에 갇힌 것처럼 답답한 느낌이다. 그는 매일 자신의 직속 부하직원에게 전화를 걸어 상황을 점검하던 일과 주간 업무회의를 중단하기로 결정했다. 직원들은 앤드류의 트레이드마크인 강도 높은 업무 점검에 불만이 많았다. 그래서 그는 월 1회의 간단한 상황 점검, 분기별 회의, 반기별 목표 점검회의를 하는 것으로 대체했다. 목표 설정과 계획 프로세스가 전반적으로 향상되었기 때문에 그는 자신이 일일이 점검하지 않아도 일이 제대로 진행될거라 믿었다.

며칠이 지나 더 이상 참을 수 없을 지경이 된 그는 일이 어떻게 진행되느지 보려고 사무실을 나섰다. 직원들은 열심히 일상 업무를 처리하고 있었다. 하지만 새로 수립한 3개월 계획을 진행하는 모습은 보이지 않았다. 그는 직속 부하직원 한 명에게 전화를 했다. 그는 외부에서 회의를 하고 있었다. 앤드류는 곧바로 다른 사람에게 전화를 걸었다. 그는 노조와의 회의에 계속 묶여 있었다. 마침내 세 번째 사람과 통화가 연결되었다. 그 직원은 몇 사람이 지금 휴가를 떠난 상태라서 계획 회의가 연기되었고, 장비가 고장 나서 하청업자들이 수리하는 중이기 때문에 일이 지연되고 있다고 전했다.

앤드류는 이러다 그의 프로젝트가 실패하는 건 아닌지 겁이 났다. 그는 한 번도 관리 회의를 미룬 적이 없었다. 그래서 새로 도입한 방식으로 인해 자신이 조직에서 구축하고자 했던 원칙들이 퇴보하는 것은 아닌지 염려되었다.

문제는 위와 반대의 경우에서도 발생할 수 있다.

•• 브루스는 무척 고무되어 있었다. 이틀간의 회의를 통해 오랫동안 고민하고 있던 조직 개선 프로젝트에 대한 아이디어를 구체화했고, 회사의 전반적인 비용을 절감하기 위한 프로젝트 몇 개를 시작했기 때문이다.

그로부터 4주 후, 브루스는 상사에게 전 방위적으로 일이 착수되었다고 보고했다. 지부 개선 사업을 위한 새 팀이 구성되는 중이었고 모든 일이 일정대로 진행되고 있었다. 새 시스템과 일부 프로세스의 시험 결과도 고무적이었다. 여러 부서가 참여하는 연합팀은 성공적으로 시작회의를 마쳤다. 그는 직접 보고 라인의 직원들 및 프로젝트 리더들과 함께 매일 상황을 점검했고, 주간 회의를 통해 일상 업무와 신규 프로젝트 진척상황을 점검했다. 2개월 후에는 이틀에 걸친 전체 점검회의를 할 예정이었다. 브루스는 일정대로 프로젝트가 진행될 것이라고 자신했다. 하지만 그 모든 일을 관리하는 것이 상당히 피곤했다. 브루스는 자신이 너무 과욕을 부린 것은 아닌지 염려되었다.

위의 두 상황에서 본 것처럼 리더는 의식적으로 적절한 후속관리 절차를 만들어 나가야 한다. 진척상황 검토의 성격과 횟수는 일의 성격, 관리자들의 역량과 에너지, 새로 도입하는 변화의 수준, 조직의 역량에 대한 리더의 믿음, 해당 프로젝트에 직접 관여하지 않는 이해관계자들의 기대수준에 따라 달라진다.

진행상황 점검 전략

일이 잘 진행되는지 확인하기 위한 후속 점검 수단에는 '일대일 점검' '각종 보고' '점검 회의' '현장 방문' 등이 있다.

일대일 점검

첫 번째 방법은 과제를 수행하고 있는 각각의 직원들과 개별적으로 상황을 검토하는 것이다. 일이 어떻게 진행되고 있는지, 구체적인 성과는 무엇인지, 어떤 문제가 있는지, 그 문제를 해결하기 위해 어떤 조치를 취하고 있는지, 어떤 도움이 필요한지를 각각의 직원들과 점검하는 방식이다.

그룹 점검

그룹으로 점검하는 방식은 제대로만 한다면 무척 효과적이다. 핵심 주자들을 모아놓고 한 번에 상황을 점검할 수 있기 때문이다. 전체 목표와 마스터플랜을 먼저 검토한 다음, 직속 관리자나 프로젝트 리더들이 차례로 돌아가며 각각의 목표와 계획에 대비한 진척상황을 보고하게 한다. 그러면 그 자리에 있는 모든 사람들이 각각의 진척상황을 들은 뒤에 문제를 제기하고, 잘 이해되지 않는 부분에 대해서는 질문을 하고, 자신의 상황과 비교해볼 수 있다.

지원부서 직원은 데이터를 바탕으로 주요 변수들의 진행상황을 확인하고 직속 라인에서 나온 보고서를 검증하거나 문제를 제기한다. 논의를 벌여도 문제가 해결되지 않을 때는 회의가 끝난 후에 다시 해결책을 찾도록 한다. 다음은 생산적인 그룹 점검을 위한 필수 요소들이다.

- » 간결성: 각 관리자는 계획과 데이터를 바탕으로 실제 수행된 일과 그 효과를 제시한다. 긴 연설이나 허풍을 늘어놓을 필요는 없다.
- » 솔직성: 개방적이고 정직한 의사소통은 필수다. 그럴듯하게 포장하지 않고 맘 편하게 사실을 보고할 수 있는 분위기가 필요하다.
- » 상호 지지: 참여자들 상호간에 지지의 분위기가 형성되어야 한다. 모두가 성공적으로 일을 수행하고, 바람직한 행동을 독려하고, 문제를 건설적으로 해결하도록 도와야 한다.
- » 문서화: 글머리 기호를 써서 결정사항과 앞으로 수행할 주요 행동을 요약한다. 마스터플랜 및 개별 작업계획에 대비한 진척상황을 확인

하고, 데이터 차트를 수정한 다음, 그 자료를 즉시 배포한다. 이 때, 앞으로 해야 할 일의 목록으로 자료의 서두를 엶으로써 직원들에게 다음 단계를 상기시키는 것이 좋다.

» 정직성: 정직성은 아주 중요하다. 결점을 감춘 채 좋은 점만 부각시키고 싶은 유혹을 뿌리치자. 그러지 않으면 과대포장과 정치적 사안들이 끼어들고 라이벌 의식과 비방전에 에너지를 허비하고 말 것이다.

» 재미: 회의는 경기를 즐기는 유능한 스포츠 팀의 분위기와 비슷해야 한다. 그런 팀은 전략을 세우기 위해 타임아웃을 선언하며, 한 경기가 끝날 때마다 머리를 맞대고 다음 단계를 의논한다. 진척상황 점검회의 역시 이와 똑같은 속도와 마음가짐이 있어야 한다.

진척상황 점검을 위한 회의는 교육적인 효과도 있다. 문제를 제기하고 논의하는 과정에서 참여자들이 전체 과제를 보다 잘 이해하게 되기 때문이다. 하지만 이 회의의 목적이 논쟁을 하거나 전략을 짜는 것이 아님을 잊지 말자. 진척상황 점검회의는 말 그대로 그간의 진행상황을 보고하고 다음 단계를 계획하는 회의다.

현장 방문

많은 리더들이 정기적으로 고객을 만나는 일을 중요하게 생각한다. 관계를 구축하고 향후 거래를 논의하는 세일즈 회의만을 말하는 것이 아니다. 리더들은 영업 일선의 직원들, 물류창고 근로자들, 구매 담당자들, 기술자들을 방문해야 한다. 직접 현장을 방문하면 안에서 얻지 못한 정보들을 얻을 수 있기 때문이다. 자사의 서비스를 실제로 경험한 사람이나 현장 근무자들의 의견을 내부에서 작성한 장밋빛 의견과 비교한 뒤, 현실을 직시하며 고객들이 제기한 문제를 해결하기 위해 논의를 시작해야 한다. 하지만 이 같은 과정을 제대로 실시하지 않아 <u>스스로</u> 만든 벽 안에 갇히는 사람들을 종종 발견할 수 있다.

•• 시 당국의 서비스 기관에서 근무하는 한 사무관이 부서의 업무 실적과 재정 안정성을 개선하기 위해 대대적인 변화를 계획했다. 부사무관들로 막강한 지원 군단을 구축했고 각자 맡은 그룹에 대해 전적인 책임을 지도록 했다. 그는 의도적으로 직속 라인에 있는 사람들과 접촉을 하지 않았다. "하지만 사무관님의 말씀으로는….." 하는 식의 이야기가 사람들 입에 오르내리면 부사무관들과 직원들 간의 소통이 저해되어 그들의 권위가 약화될 것이기 때문이었다. 그러나 몇몇 직속 과장과 주임이 기대만큼 리더십을 발휘하지 못하고 또 일부 부사무관들이 맡은 책임을 다하지 못하고 있는 사실이 드러나자 그는 스스로를 방 안에 가둔 기분이 들었다.

차기 시의회 선거가 끝나자 새로운 사무관이 왔다. 이 신임 사무관은 아무런 장벽이 없었고, 일선에 나가 사회복지사와 주임, 과장들을 직접 만나면서 서비스 개선의 필요성을 역설했다. 그런 다음, 부사무관들과 함께 추진방법을 논의했다. 신임 사무관의 부단한 활동 속에 부사무관들의 권위 약화에 대한 우려와 소문은 감쪽같이 사라졌다.

특별 점검

잘 진행되는 프로젝트라도 난관에 부딪힐 때가 있다. 일정보다 뒤쳐지는 부분이 생기고, 막다른 골목에서 헤매는 사람들도 나타난다. 자기 고집대로만 밀고 나가는 사람들도 있다. 성과 보고서와 재무 보고서를 보면 해결해야 할 문제들이 드러난다. 이들 문제는 모두 특별한 관심을 필요로 한다. 이때는 실무회의를 열어 문제를 조사하고 효과적으로 다음 단계로 이동할 방법을 찾아야 한다.

자신에게 맞는 방법을 찾아라

지금까지 후속관리를 통해 프로젝트를 바른 방향으로 이끄는 방법을 설명했다. 하지만 자신의 리더십 패턴을 바꾸는 일이 그렇게 쉽지만은 않을 것이다. 저절로 되지는 않는다는 말이다. 이 장의 첫머리에서 소개한 앤드류는 자신의 점검 업무를 줄였다가 다시 원상 복귀시켜야 했다.

●● 앤드류는 직원들에게 메모를 보냈다. 3주 후에 진척상황 점검회의를 할 것이며 그때 새로 시작한 3개월 계획에 대한 진행상황을 듣겠다는 내용이었다. 그때까지 그는 프로젝트에 실질적으로 개입하지 않았다. 상황은 그가 우려했던 것만큼 나쁘지는 않았다. 바르게 진행되는 일들이 일부 있었다. 하지만 어떤 보고서는 상당히 과대 포장되어 있었고, 궤도에서 완전히 벗어난 일도 있었다. 앤드류는 거기에 즉각 반응하지 않았다. 대신 일주일 후에 직속 보고 라인과 저녁식사를 겸한 회의를 갖고 자신의 생각을 전달했다. 모두들 앤드류의 후속관리와 자극이 어느 정도 필요하며 너무 많이 줄였다는 데 동의했다. 그들은 새로운 보고 일정을 짰다.

두 번째 사례인 브루스의 경우에는 모든 일이 잘 진행되고 있었다. 하지만 그는 자신이 맡은 프로젝트에만 너무 매달리는 것이 문제였다. 그의 프로젝트는 무리 없이 잘 추진되고 있었으나 그의 상사는 그가 동료들과의 협력이 부족하다는 점을 우려했다. 동료들은 회사가 직면한 새로운 문제들에 그가 적극적으로 참여하지 않는다고 느꼈다. 그는 자신의 프로젝트에 계속 묶여 있어서 회사의 다른 문제들에 관여할 시간과 에너지를 낼 수가 없었다.

자신의 후속관리 방식을 바꾸기란 쉽지 않다. 근본적인 행동 패턴을 바꾸는 문제이기 때문이다. 시험하고 조정하는 기간에는 언제나 약간의 불안과 어려움이 따르게 마련이다. 당신에게 맞는 방법은 무엇인가? 무엇이 잘 되고 있으며, 잘 안 되는 것은 무엇인지, 좀 더 개선하기 위해서는 어떤 조치를 취해야 할지, 그 변화를 시작하려면 어떤 조치를 취해야 하는지 믿을 만하고 좋은 아이디어를 제시할 수 있는 동료들과 이야기를 나눠보고, 서서히 자신에게 맞는 방법을 계발하자. 그것이 바로 후속관리의 핵심이다.

3
문제를 해결하라

지지를 모으고
반대를 극복하라

뜻한 대로 일을 성사시키기 위해서는 때때로 정치적인 기술이 필요하다.
4단계에서 설명한 것과 같은 전략 시험 과정을 거쳤다면, 당신은 이미 이
정치적인 과정을 시작한 셈이다. 그래서 문제를 발견했고, 당신의 전략에
대한 사람들의 생각을 확인했으며, 그 정보를 바탕으로 전략을 수정했다.
이제부터는 좀 더 까다로운 문제를 다루는 실행의 정치학을 자세히 살펴
볼 것이다. 훌륭한 실행에는 다음과 같은 다섯 가지의 정치적인 기술이
기본적으로 수반된다.

>> 저항보다는 준비성 readiness에 초점을 맞추자.
>> 까다로운 사람들이 쓰고 있는 가면 뒤의 본 모습을 보자.
>> 설득할 수 있는 미션과 지지자들을 구축하자.
>> 전략적으로 일관된 메시지를 전하자.

» 소수의 반대파에 대응하자.

준비성에 집중하라

저항성이 아니라 준비성에 초점을 맞추는 것이 가장 중요하다. 준비성에 초점을 맞춘다는 말은 사람들이 하고자 하며 할 수 있는 일, 동기부여가 되어 있는 일에 관심을 둔다는 뜻이다. 관리자로서 당신의 역할은 지지자를 모아 함께 목표를 추구하는 것이다. 따라서 조직 내에 흩어져 있는 다양한 준비성의 가닥들을 잘 엮어서 프로젝트를 구축하고 실행해야 한다. 모든 사람들이 공통적으로 느끼는 큰 문제가 있을 때는 이 일이 쉽다. 하지만 문제해결에 대한 필요성이 그리 절실하지 않을 때는 사람들의 준비성을 찾기가 어렵다. 하지만 그래서 더 중요한 기술이기도 하다.

준비성에 집중하면 관심의 분산, 저항, 장애 요소 등에 불필요한 에너지를 소모하는 일이 줄어들 수밖에 없다. 리더들이 직면하는 저항의 상당 부분은 사실상 그들 스스로 만들어낸 것이다. 자신의 생각대로 프로젝트를 밀어붙이고, 경쟁자를 물리치고, 영웅이 되는 일에 집착한다면 직원들 스스로 할 준비가 되어 있는 일을 못보고 지나칠 가능성이 크다. 그러면 당연히 직원들도 뒷걸음질 칠 것이다.

한편, 변화의 폭이 크고 급격해서 누구나 쉽게 받아들이기 어려운 상황이라 할지라도 어느 정도의 준비성은 있게 마련이다. 물론 깊숙이 감춰져 있어서 눈에 잘 띄지 않을 것이다. 이것을 찾아내서 공들여 가꾸고 생기를 불어넣자. 이런 과정에 한번 익숙해지기만 하면 당신의 시간과 에너지를 싸움에 소모할 일도, 또 그럴 필요도 느끼지 못하게 될 것이다.

이 말을 다른 사람들이 하고 싶어 하는 일만 따라 하는 수동적인 관리자가 되라는 말로 오해해서는 안 된다. 오히려 그와 정반대다. 당신만의 생각과 할 일, 목표, 실행해야 할 미션이 있다면, 사실에 근거해서 설득력 있는 주장을 내세우고, 다른 사람들이 그것을 이해하도록 도우라는 말이다. 그들이 목표, 미션 내에서 자신의 이해관계를 볼 수 있도록 해 줘야 하며, 각자 잘 할 수 있는 일을 맡게 하고 필요한 도구와 지원을 제공해야 한다. 이 모든 일을 하는 중에 싸움을 하고 싶은 유혹을 물리쳐야 한다.

그 점에서 볼 때, 프로젝트 관리자는 변호사나 정치인들과 다르다. 법률 소송은 분쟁에서 시작된다. 따라서 원고와 피고는 적대적인 관계에 있다. 변호사는 자신의 주장을 관철시켜 상대방을 이겨야 하기 때문에 자신의 강점과 상대방의 약점을 찾는데 집중한다. 정치인도 변호사와 비슷하다. 그들은 정책을 내놓고, 지지자를 확보하고, 상대방의 마음을 조종해서 주장을 관철시킨다. 그들의 행동은 서로 협력하는 상황에서도 결국 이기고 지는 게임일 뿐이다.

유능한 변호사나 정치인이라면 한편으로 협력을 얻어내고 다른 한편으로는 적대 행동에 대처할 수 있을 것이다. 물론 유능한 프로젝트 관리자 역시 이 두 가지를 모두 다 할 수 있다. 그러나 정말 그 능력이 탁월한 사람이라면 반발보다는 협력을 도출하는데 대부분의 시간을 쏟을 것이다. 그래서 결국에는 반발이 완전히 사라지거나 대폭 줄어들게 만들 것이다. 다음은 효과적인 준비성 관리의 한 예이다.

버니는 주 교육부의 초중등교육 커리큘럼부에서 일하는 부사무관이다. 그에게 이 부서의 세 가지 우선사업 중 하나인 '교육 재설계 프로젝트'를 주도하라는 과제가 내려졌다. 그는 '새로운 교육 시스템'의 개념을 규정하기 위해 20명으로 구성된 작은 팀을 꾸렸다. 그 결과, 커리큘럼위원회가 지정한 엄격한 커리큘럼에 따라 기계적인 방식으로 학습하는 기존의 '교사-학생' 관계에서 탈피해야 한다는 결론을 얻었다. 그 대신, 학생들이 스스로 기술과 지식을 습득하는 학습 프로세스를 구축해야 했다. 그러려면 교사가 주도하고 학부모와 학생들이 수동적으로 따라가는 기존의 구조를 과감하게 개혁할 필요가 있었다. 그래서 교육 설계와 실행 과정에 지역사회와 학부모, 학생들이 참여하도록 해야 했다.

1년간의 작업 끝에 기획팀은 새로운 시스템을 정의하고 그 특징에 합의할 수 있었다. 20명의 팀원들에게서 합의와 열성적인 지지를 끌어내는 일도 훌륭하게 진행되었다. 하지만 이 주에는 700개의 학군, 2백만 명의 학생, 교사와 각 분야별로 구성된 직원 노조 등 수많은 단체, 정치인, 학교 이사회, 지역 정부 및 기획 당국, 수백여 개의 시민단체가 있었다. 그리고 이들은 모두 각각의 계획과 이해관계를 갖고 있었다. 이들 중 누구도 20명의 관료 행정가들이 갖고 있는 생각에 관심이 없을 수도 있었다. 교육 재설계 프로그램에 참여하지 않은, 주 교육부에서 근무하는 3,000명의 다른 직원들도 마찬가지였다.

기획팀의 몇몇 팀원들도 비관적이었다. 눈앞에 펼쳐질 일을 생각하면 아무래도 성공할 가능성이 없다는 것이었다. 하지만 버니는 한 가지 가능성을 보았다.

'물론 관성의 역풍과 반발이 만만치 않을 것이다. 하지만 지금 당장 전체 주에 이 시스템을 시작할 필요는 없지 않은가? 기획팀의 아이디어에 관심을 갖고 함께 시도해볼 준비가 되어 있는 네 학군 정도만 참가시켜 보는 것이 어떤가? 이 네 학군과 함께 프로젝트를 시행하려면 몇 명의 부서원이 참여해야 하는가? 40명이다.'

그는 수백만 명의 반대자들을 한꺼번에 바꾸는 대신, 새로운 것을 시도할 의사가 있는 네 학군과 역시 새로운 것을 시도할 준비가 되어 있는 40명의 부서원들을 동원하여 프로젝트에 착수했다. 모든 반대자들과 싸우는 대신, 현재 준비된 자원을 이용하는 쪽으로 간단하게 포커스를 옮긴 것뿐이었다.

1년에 걸쳐 네 학군에서 프로젝트가 시작되었다. 2년이 지나자 주변 지역의 학군에서도 읽기 점수가 올라가기 시작했다. 농촌 지역에서는 학업 중단율이 감소했다. 교외지역의 학군은 완전히 새로운 형태의 중학교 교과과정을 도입했다. 소도시 학군도 마찬가지였다. 3년째가 되자 지역 기획당국이 동참했다. 그들은 200여 개의 학군을 모아 새로운 교육 시스템으로 옮겨가는 자체 실험을 실시했다. 그리고 각 학군이 자체적인 프로그램을 진행하도록 주 교육부가 나서서 인력과 기획 예산을 지원하게 되었다.

주 정부는 준비성을 강화하도록 도왔다. 하지만 처음부터 저항보다는 준비성에 초점을 맞춘 버니의 아이디어가 하나의 개념을 실행으로 바꾼 핵심 열쇠였다. 이는 그와 팀원들이 수많은 난관을 뚫고 사업을 진행할 때 반복해서 사용했던 핵심 전술이기도 했다. 유형을 불문하고 거의 모든 프로젝트를 이 같은 방식으로 진행할 수 있다. 그러면 모멘텀이 쌓이고 성공을 거두는 와중에 이전의 저항이 눈 녹듯 사라지게 된다.

가면 뒤의 본 모습을 보라

우리는 현실에서 실제 사람들을 상대해야 한다. 그들 중 일부는 반드시 저항을 하거나, 일을 방해하거나, 당신이 하려는 프로젝트에 반대할 것이다. 이제 당신에게 필요한 일은 이들에게 최대한 가까이 가서 실제로 무슨 일이 벌어지고 있는지 확인하는 것이다. 겉으로 보이는 무관심이나 저항은 가면에 불과한 경우가 많다. 누구나 내심 얻고자 하는 것이 있다. 그들 모두 책임이 있고, 자신만의 방식으로 다른 사람과 관계를 맺고 일을 한다. 핵심 인사들을 다룰 때는 이러한 요소를 충분히 고려해야 한다. 그들의 이해와 상반되는 것을 내놓으면 당연히 반발하지 않겠는가?

이제 당신은 충분한 대화를 통해 그들이 얻고자 하는 것이 무엇인지, 그들의 중요한 이해관계가 무엇인지 알아내야 한다. 그들의 이야기에 귀 기울이다 보면 예상치 못했던 부분을 찾아낼 수도 있고, 때에 따라서는 그들이 솔직하게 이야기를 털어놓을 정도로 당신을 신뢰하지는 않는다는 사실을 발견할 수도 있다. 그럴 때는 아주 사소한 공통의 관심사라도 찾아내서 그것을 바탕으로 신뢰를 쌓고 협력의 물꼬를 터야 한다. 다음 사례를 한 번 보자.

●● 버니는 교육 재설계 프로젝트에 참여하고 있는 어느 도시 지역 학군의 교육감을 방문했다. 이 학군의 이사회가 프로젝트 참여에 동의했음에도 불구하고 정작 교육감은 상당히 냉소적인 입장이었다. 그 교육감은 "주 정부 사람들은 현장 상황을 전혀 모릅니다. 규정을 만들어 지시를 내려

놓고는 나 몰라라 하죠. 자원도 예산 지원도 없습니다. 현장에서 그걸 하려면 뭐가 필요한지도 모르죠."라고 말했다.

버니는 이렇게 대답했다.

"이 프로젝트는 다릅니다. 저희 주 교육부에서 자원과 예산을 제공할 겁니다. 정말 변화가 필요합니다. 무엇이 필요한지 말씀해 주십시오."

"타자기는 어때요? 여기 교육감실에조차 타자기가 없습니다. 그런 마당에 교육을 재설계하라고요? 거 참!"

"제가 드린 말씀이 사실이라는 걸 보여드리겠습니다."

버니는 이렇게 말하고 자리를 떴다. 다음 날 그는 사무실에서 타자기 한 대를 직접 가져다 그 교육감에게 주었다.

교육감은 여전히 냉소적이었지만 약간은 감동을 받은 눈치였다. 그러고는 자신의 직원과 버니, 주 교육부의 핵심 인사들이 한자리에 앉아 이 학군에서 교육 재설계가 의미하는 바가 무엇인지, 어떻게 시작할 수 있는지 논의하도록 실무회의를 주선했다. 아주 조금씩 서로간의 협력이 확대되었다. 그리고 1년이 지나자 그 지역 학생들의 읽기 점수가 올라가기 시작했다. 지역 주민들과 교사, 학부모, 학생 모두가 합의해서 읽기 문제를 교육 재설계의 핵심 목표로 정했기 때문이다. 주 교육부의 지원도 뒤따랐다.

성공의 핵심은 다른 사람들이 원하는 것을 찾아내서 당신이 원하는 것과 연결시키는 것이다. 그것이 언제나 타자기처럼 간단하고 물질적인 것은 아니다. 여기 또 다른 예가 있다.

•• 버니는 주 교육부 안에서도 비슷한 문제를 겪었다. 상부의 적극적인 지지에도 불구하고 예산과 프로그램을 관장하는 담당관은 버니와 그의 팀을 '세상물정 모르는 이론가' 들로 치부했다. 그는 버니에게 프로그램의 성공을 보장하는 확고한 계획과 예산, 일정표를 가져오라고 요구했다. 그리고 그 전까지는 지원이나 자금을 제공할 수 없다고 못 박았다.

이 말을 들은 버니는 자신이 프로젝트 반대자들에게 제대로 대처하고 있지 않았다는 사실을 깨달았다. 겉으로만 잘 대응하는 것처럼 보였을 뿐이다. 그는 숨을 깊이 들이마신 다음, 팀원들과 함께 성과 목표와 참여 직원 명단, 일정을 포함한 실질적인 계획과 예산을 수립했다. 교과서와 시험문제를 바꾸는 일과 달리, 관계와 개념을 바꾸는 실험을 이제 막 시작한 것이기 때문에 쉽지 않은 작업이었다. 하지만 구체적인 업무 일정표와 다양한 과제 수행에 필요한 인력, 성과 측정법 등 실질적이고 손에 잡히는 프로그램 요소들을 만들어냈다. 결국 버니는 예산과 프로그램을 관장하는 담당관에게서 지원과 자금을 제공받았다.

이처럼 서로 다른 욕구를 절충하는 일이 프로젝트와 정치적인 성공의 비결인 경우가 많다. 위의 사례에서 버니는 계획 수립 과정을 통해 프로젝트를 보다 확고하게 만들 수 있었다. 그는 반대자들이 가면 뒤에 숨기고 있는 중요한 이해관계가 무엇인지를 확인하고 거기에 대처함으로써 프로그램을 난관에 빠뜨릴 수도 있었던 반대를 극복했을 뿐 아니라 오히려 더 견고하게 만드는 효과를 얻었다.

지지층을 구축하라

당신에게는 달성하고자 하는 목표가 있다. 그 내용을 문서로 작성해서 지지층을 구축하는데 사용하자. 이것이 세 번째로 중요한 정치적인 기술이다. 실제로 어떻게 적용되는지 예를 들어보자.

•• 보험회사의 CEO인 버나드는 회사의 비전과 그 비전을 실현하기 위해 필요한 핵심적인 변화의 내용을 담은 발표문을 작성하였다. 지난 2년간 회사는 비용 기반cost platform을 경쟁력 있는 수준으로 올려놓기 위해 고강도의 비용 절감 및 성과 개선 프로젝트를 시행했다. 이 발표는 그러한 노력 뒤에 나온 것이었다.

그는 이 문서를 자신이 가장 신임하는 네 명의 임원과 컨설턴트 앞에 내놓았고, 그들은 단어 하나하나까지 철저히 검토했다. 임원들의 마음속에 있는 의심이나 궁금증도 허심탄회하게 꺼내놓고 시험해보았다. 그리고 결론적으로 회사가 기업 보험에만 주력해야 한다는데 합의했다. 이 결정은 회사의 업무를 획기적으로 바꿀 것이었다. 그동안 타 기업들이 꺼려하는 리스크를 감수해온 이 회사는 보험중개인들에게는 인기가 많았으나 큰 수익은 내지 못했다. 따라서 무언가 큰 변화가 필요했다. 그다지 이득이 없는 일을 중단하고, 보험 가입 기준을 강화하고, 관련 보험중개 인력을 확보해야 했다.

"규모가 더 작아질 수도 있으나 우리는 훨씬 더 성장할 것입니다."

버나드는 회사의 전 직원이 함께 한 10여 차례의 회의에서 이렇게 말했다. 이 같은 방식으로 사업 방향을 알려나가자 이 아이디어를 지지하는 사람들의 수가 증가했다. 그리고 새로운 전략을 바탕으로 다음 행동을 추진하게 되었다.

하나의 개념을 기점으로 지지자들을 모으기 시작할 수 있다. 전략을 시험할 때처럼 당신과 가장 가깝고, 당신의 아이디어에 가장 관심이 많고, 거기서 얻을 것이 가장 많고, 가장 준비되어 있고, 기꺼이 능력과 도움을 제공할만한 사람들의 원을 그리자. 그런 다음, 그보다 열의가 덜한 사람들로 두 번째, 세 번째 원을 그리자. 마지막에는 당신의 아이디어에 부정적이거나 반대할 만한 사람들의 원을 그리자. 이들은 당신의 생각과 반대되거나 경쟁관계에 있는 욕구를 갖고 있다. 아니면 당신의 프로젝트로 인해 자신이 손해 볼 것이 있다고 생각할 수도 있다. 또는 그저 현 상태가 바뀌지 않기를 바라는 현실안주 형의 사람일 수도 있다. 이렇게 도표를 만들면 123쪽 그림과 같은 관계자 맵이 완성된다. 이제 이 맵을 가지고 전략과 지지층을 구축할 수 있다.

각각의 원에서 다뤄야 할 문제들을 기록하자. 이들의 마음을 사로잡으려면 어떤 전략을 써야 할지 생각해 보자. 일부는 인정받기를 원할 것이며, 일부는 참여의 대가로 구체적인 보상을 요구할 것이다. 또 일부는 자신이 품고 있는 문제의식에 대해 보다 적극적으로 대응해주기를 바랄 것이다. 예를 들어, 공식적인 협상이나 조정을 원하거나 징계나 부정적인 영향을 최소화할 수 있는 방안 등을 요구할 수 있다.

이제 당신의 대응 방법들을 나열하자. 어떠한 형태의 도움과 참여를 제공하고 어느 수준까지 인정할 것인가? 사람들의 구체적인 욕구를 해소하

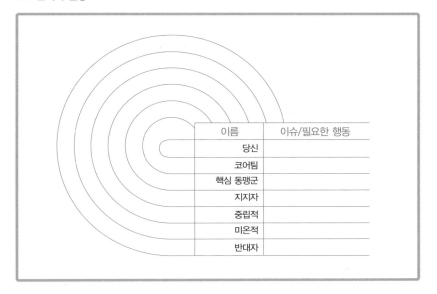

이름	이슈/필요한 행동
당신	
코어팀	
핵심 동맹군	
지지자	
중립적	
미온적	
반대자	

기 위해 무엇을 해줄 것인가? 어느 정도까지 당신의 전략을 수정하거나 타협할 의지가 있는가? 그 대가로 다른 사람들에게 무엇을 요구할 것인가?

다음은 어느 리더가 새로운 목표를 위한 지지층을 구축하기 위해 조직의 정치적, 경제적 상황을 바꾼 사례다.

●● 테드는 뉴욕시에 있는 어느 전문병원의 의료과장이다. 그는 외과부장을 겸직하며 상당한 영향력을 행사하고 있었다. 이사회의 지지 하에 그가 추진하려는 미션은 의료진 관리의 효율성과 서비스의 품질을 높이는 것이었다. 그와 이사회는 현재의 의료진들을 풀타임으로 고용해야 한다고 확신했다. 모든 실험실과 연구 자원을 활용할 수 있다면 의사들이 의료계의 변화에 보다 발 빠르게 대처할 수 있을 테고, 동료들과 긴밀하게 협력함

으로써 얻는 이득도 있을 것이며, 의료 서비스의 핵심이라 할 수 있는 진료와 컨퍼런스, 강의 활동에도 더욱 전념할 수 있을 터였다.

동료 과장들과 몇몇 의사들에게 이에 대한 의견을 묻자 다들 찬사를 늘어놓았다. 하지만 반대 의견이 보이지 않는 것은 아니었다. 반대자들은 그 아이디어의 단점과 리스크를 열거하면서 교묘하게 자신의 의견을 감추었다. 어느 누구도 자신이 운영하는 개인병원을 닫고 여기로 올 의향을 보이지 않았다. 왜 그러는지는 쉽게 이해되었다. 그들은 최고의 외과 전문의들로 수백만 달러를 벌어들이고 있었다. 그들의 병원은 맨해튼에서도 부자들이 모여 사는 5번가, 파크 애비뉴, 매디슨 애비뉴에 줄지어 있었다. 뉴욕과 전 세계의 갑부들은 물론 흥미진진한 의료 케이스가 그들에게 몰렸다. 막강한 사회적 지위와 특권, 돈이 달린 문제였다. 그들이 이 병원으로 옮겨올 이유가 전혀 없어 보였다.

테드는 혼자서 숙제를 좀 했다. 병원 부지에 최고 의료진의 사무실 건물을 짓고 충분한 주차 공간과 지원 스텝을 제공할 때의 장기적인 비용을 계산했다. 또 이 병원이 외과의들에게 제공할 수 있는 것이 무엇인지를 생각했다. 개원의에 대한 경제적 조사도 실시했다. 그 결과, 수익성 높은 의료 서비스를 제공하면, 그 때 발생하는 임대료와 직원 급여, 보험, 공과금, 세금 및 제반 비용을 제한 뒤에도 충분한 급여를 의사들에게 지급할 수 있다는 결과가 나왔다. 경제 논리에서 이길 가능성이 있었다. 그는 이사회 그리고 병원 행정팀과 이 내역을 검토하면서 다시 한 번 비용을 검증하고 지지자들을 모았다. 그렇다. 의사들만 데려올 수 있다면 사무실 건물을 신축하고 직원들의 급여와 수당을 제공할 수 있었다.

다음은 특권 문제가 남아 있었다. 여기서 테드는 최고 외과전문의 서너 명만 데려올 수 있다면 전 직원들의 생각을 단번에 바꿀 수 있다고 생각했다. 그 서너 명을 모두 데려오지는 못하더라도 최소한 특권에 대한 문제 제기를 줄일 수는 있을 것이었다. 그래서 테드는 네 명의 최고 외과의와 일대일 접촉을 시도했다. 그는 의료 서비스의 품질을 내세웠다. 또 그들이 의존하고 있는 기관과 의료 서비스의 미래에 대해 이야기했다. 그런 다음, 경제적인 측면을 설명했다. 그리고 나서는 의료진들이 세계 최고의 의술을 펼칠 수 있는 장을 만들 수 있도록 '신축 건물 및 지원 서비스 개발 기획위원회'에 참여해 달라고 요청했다.

그 결과, 서서히 반발이 줄어들면서 말 그대로 획기적인 돌파구가 생겼다. 네 명의 최고 외과의들이 모두 계약서에 서명하고 그 결과를 전 의료진이 모인 자리에서 발표한 것이다.

테드는 조직 내의 정치적, 경제적 참여 조건을 바꿈으로써 실행을 가속화할 수 있는 전략적 기반을 다질 수 있었다. 그리고 미션을 완수했다. 다음은 리더가 보다 공격적인 조치를 취하여 변화의 전기를 마련한 경우다.

•• 이 기업은 실패 가도를 달리고 있었다. 4년동안 이어진 막대한 손실로 인해 도산의 위험에 처해 있었다. 사람들은 서로 비난하기에 바빴다. 신임 CEO로 부임한 앨런은 대부분의 사업 분야를 매각하거나 폐쇄하고, 생존이 가능해 보이는 4개 부문만 남겨두기로 결정했다.

30여 명의 임원들이 모인 자리에서 앨런과 전략 기획실장은 변화의 필요성을 역설했다. 하지만 임원들은 여전히 책임 떠넘기기에 급급했을 뿐 아무도 선뜻 나서려 하지 않았다. 모두들 문제의 원인을 (앨런의 영역인) 높은 간접경비와 '다른 회사들'에 돌렸다.

회의가 끝난 후 앨런은 신속하게 움직였다. 생존 가능성이 있는 4개

사업단의 사장들, 전무이사, 전략 기획실장, 수석 고문 이렇게 7명을 불러 두 번째 회의를 했다. 그는 전략 기획실장과 전무이사에게 곧바로 나머지 사업단의 매각 프로젝트에 착수하라고 주문했다. 자신은 간접경비를 줄이는 책임을 맡았다. 프로젝트에 반대한 사람들을 그냥 제외시킴으로써 프로젝트의 성공을 가로막고 있는 정치적, 심리적 장벽을 돌파한 것이다. 앞의 병원 사례에서 건설적인 방식으로 사람들을 끌어들인 것과는 상당히 다른 방법이었다. 하지만 이 전략으로 실행을 가속화하고 회사를 살릴 수 있는 전기를 마련할 수 있었다.

경영관리 프로젝트를 수행할 때는 최 일선 실무팀으로부터 사업부에 이르기까지 모든 계층의 관리자들이 이와 비슷한 정치적인 도전에 직면한다. 그러나 계층의 높고 낮음에 관계없이 관리자는 기술적, 조직적, 정치적 전략을 활용하여 미션을 수립할 줄 알아야 한다. 그리고 그 미션을 실행할 지지자들을 구해야 한다.

미션을 문서로 작성할 때는 주요 목표를 설명하고 몇 개의 짧은 구절로 변화 내용을 작성해야 한다.

지지층을 구축하려면 당신이 필요로 하는 사람들을 이 과정에 끌어들여 모두가 같은 목표와 느낌을 공유하고, 자신 있게 프로젝트의 내용을 설명할 수 있게 해야 한다. 일단 전략과 주요 목표, 충분한 지지층을 확보하고 나면 자신 있고 대담하게 실행을 추진할 수 있다. 적어도 "어느 방향으로 가는지 모르겠다." "과연 효과가 있을까?"라는 말들은 나오지 않게 될 것이고, 해봐야 소용 없다는 식의 냉소적인 태도도 사라질 것이다.

지지층을 조직하려면 그 구조를 만들어야 한다. 비교적 간단한 목표일 때는 비공식적으로 일을 진행할 수 있다. 하지만 목표가 크다면 좀 더 공식적인 구조를 만들어야 한다. 당신은 총 책임자다. 코어팀도 갖고 있다. 그러면 이제 기획 그룹이나 점검 그룹을 구성하고 구체적인 하위 목표를 달성할 팀을 구성하자. 상급 관리자들로 된 자문팀을 구성하여 그들이 통찰력을 제공하고, 또 포럼을 통해 프로젝트에 대한 이견을 줄일 수 있도록 하자. 든든한 자문팀이 있으면 직원들에게 일사불란한 방향을 제시하고, 실질적인 도움을 제공하며, 라이벌 의식과 반발을 줄임으로써 전체 프로젝트를 강화할 수 있다.

포괄적인 구조를 바탕으로 도움이 될 만한 사람들을 모두 참여시키면 당신의 일이 정치적으로 공격받지 않을 것이다(여기에는 당신의 프로젝트를 중단시킬 수 있는 지위에 있는 사람들도 포함된다). 당신과 함께 하는 막강한 지지군단을 보면 반대자들도 크게 위축될 것이다. 하지만 반드시 견고한 구조를 이용해야 한다. 허풍이어서도 안 되고 대충 해서도 안 된다. 실제로 할 수 있는 것 이상의 구조를 만들거나 약속해서도 안 된다. 회의들이 별 내용이 없고 지루하면 사람들이 흥미를 잃을 것이다. 그러면 프로젝트도 약해진다.

분명하게 소통하라

당신은 자신이 무엇을 하고 있는지, 목표까지 가는 여정에서 어디쯤 서있는지 알고 있을 것이다. 당신의 지지자들도 알고 있는가? 그들이 알아야 하는가? 소통하고 소통하자. 위로, 아래로, 밖으로, 모든 방향으로. 그래서 당신이 무엇을 하고 있는지, 그들 각자에게 어떤 의미가 있는지를 모두가 알게 하자.

모든 정치적 기술들 중에서 가장 지속적으로 관심을 쏟아야 할 것이 바로 이 기술이다. 의사소통 기술은 오해를 피하고 불필요한 에너지 낭비를 줄이기 위해서도 중요하다. 이 기술을 통해 다른 정치적인 기술들을 끌어낼 수도 있다. 일례로, 반대자가 쓰고 있는 가면 뒤의 본모습을 보려면 충분히 의사소통을 해서 상대방이 당신의 이야기를 이해하고 또 당신이 상대의 반응을 확인할 수 있어야 한다.

소통의 목표를 정하라

모든 의사소통에는 두 가지 목표가 있다. 하나는 사람들이 당신의 전략을 지지해서 각자의 역할을 충실히 이행하도록 하는 것이고, 다른 하나는 상황을 전혀 모르거나 잘못 전해 들은 이들이 부적절한 행동을 하지 않도록 미연에 방지하는 것이다. 어느 경우든 간에 사람들은 의사소통을 통해 자신들이 알아야 할 내용과 그것을 알아야 하는 시기를 전달받아야 한다. 그리고 각자에게 가장 효과적인 소통 도구를 통해 제공되어야 한다. 이것이 기본이다.

접근방법을 개발하고 계획하라

먼저, 의사소통을 실행 계획의 중요한 행동 중 하나로 포함시키자. 그래서 과제를 작성하고, 코어팀과 전략을 구축하고, 그 전략을 시험하고, 시작회의와 특별 기획실무회의 및 진척상황 점검회의 등 각 단계마다 효과적인 의사소통 구조를 수립하자. 각 단계마다 관계자들에게 적합한 방식으로 누가, 무엇을, 언제, 어디서, 왜, 어떻게라는 기본 정보를 전달할 기회를 마련하자. 이 육하원칙에 약간의 배경 정보를 덧붙여 제공하면 향후 구체적인 정보를 제시하거나 요청하는 일이 쉬워진다. 또 이러한 의사소통 구조가 있으면 당신이 하는 일이 질서정연하고 유기적으로 연결되어 있다는 느낌을 준다. 물론 사람들이 전체 목표를 기억하는데도 도움이 된다. 그래서 특히 기획이나 정책 사안, 요구 내용이 복잡해서 궁극적인 목표를 놓칠 우려가 있을 때 효과적이다.

둘째, 코어팀과 핵심 주자들을 넘어서 보다 광범위한 사람들이 참여할 때는 특별한 소통 노력이 요구된다. 지지층 맵을 활용해서 의사소통 전략을 준비하자. 의사소통 전략의 구체적인 목표를 정하고, 누가 어떤 정보를 언제 들어야 하는지, 어떻게 하면 각각의 사람들에게 가장 잘 전달할 수 있는지를 생각하자. 이 장의 마지막에 제시한 체크리스트를 이용해 관계자들과 어떻게 소통하는 게 좋을지 생각해보자.

그런 다음에는 전체적인 의사소통 계획을 개략적으로 스케치하자. 향후 일정 기간에 대한 계획을 수립하여 실행해본 후 그 효과에 대한 피드백을 받아 다음 의사소통 계획을 수립하고 실행하는 방식으로 진행하면 된다. 프로젝트의 규모가 크거나 장기간 지속되는 경우에는 의사소통 계획도 그만큼 크고 장기적이어야 한다. 그러다 보면 의사소통 일정과 전달 방법의 문제가 등장할 것이다. 이때는 의사소통 전문가의 도움을 받아볼 만하다. 의사소통이 큰 부분을 차지하는 프로젝트에서는 처음부터 그 분야의 전문가를 코어팀의 멤버로 끌어들이자.

내용은 간단하게 전달하라

당신이 지금 하고 있는 일과 앞으로 일어날 모든 긍정적인 효과들을 일일이 설명하고 싶은 충동이 일 것이다. 하지만 그 얘기를 듣는 사람의 입장에서 생각해 보자. 그들이 프로젝트를 보는 관점은 무엇인가? 그들이 알아야 하거나 알고 싶어 하는 정보는 무엇인가? 그들에게 어떤 효과가 있을 것인가? 그것이 당신이 원하는 효과인가? 상대방이 귀 기울여 들을 만한 내용을 개발해서 계속 반복적으로 전달해야 한다.

먼저, 그들에게 돌아갈 이득이 무엇인지부터 얘기를 꺼내자. 당신의 관심사보다는 그들의 관심사에 초점을 맞춰야 한다. 당신이 새로 도입하려는 기술이 얼마나 좋은지 아무리 열변을 토해도 듣는 사람들은 아주 따분해 할 것이다. 그들의 관심사는 그 기술이 실질적인 문제를 해결할 것인지, 자신들의 비용을 절감해줄 것인지에 있기 때문이다. 그러니 바로 그 지점, 그들이 귀를 기울여 더 듣고 싶어 하는 문제부터 시작하자.

그런 다음, 당신의 프로젝트가 그들에게 끼치는 영향에 대해 설명하자. 그들이 경험하게 될 결과는 무엇이며 언제 이루어질 것인지, 그들이 알아야 하거나 해야 할 일은 무엇인지부터 설명한 다음, 지금 필요한 행동을 명확하고 구체적으로 얘기하자.

여기까지 했으면 이제 그들의 반응을 살피자. 시간을 갖고 그들의 피드백을 잘 들어야 한다. 의사소통의 가치는 바로 이 피드백에 있기 때문이다. 그들이 당신의 메시지를 이해했는가? 당신의 메시지가 영향력 있게 전달되었는가? 이제 그들이 행동할 준비가 되었는가? 중요하게 발견한 사항이 있는가?

효과적인 의사소통의 이점

의사소통이 잘 되면 많은 일들이 순조롭게 진행될 것이다. 무엇보다 더 많은 지지자들이 생겨날 것이다. 그러면 긍정적인 분위기가 퍼져서 보다 수월하게 다음 단계를 밟아갈 수 있다.

또 하나 중요한 것은 피드백이다. 다른 사람들에게서 피드백을 받으면 잠복해 있던 문제와 간과하고 넘어간 부분을 조기에 발견하고 대응할 수 있다. 프로젝트를 신속하고 효과적으로 진행하는데 도움이 될 아이디어를 얻을 가능성도 높다. 당연히 당신을 도우려는 사람들도 늘어날 것이다.

빈약한 의사소통으로 인한 문제

반대로, 의사소통이 제대로 이루어지지 않으면 그만큼 문제가 많아진다. 일단 갑작스런 이야기로 사람들을 놀라게 하는 일이 많을 것이다. 그러면 백발백중 부정적인 반응을 유발하게 될 것이고, 효과 감소, 지연, 추가 작업 등이 이어진다. 또 점점 불만이 쌓여서 공공연하게 작업을 방해하거나 반발하는 사람들이 생기게 된다. 그로 인해 발생하는 혼란은 실수, 목표에서 벗어난 작업, 재작업 등의 부정적인 결과로 이어진다. 이 모든 일들은 바로 당신이 유발한 것이다. 효과적인 의사소통의 책임은 정보의 전달자에게 있다. 피전달자가 정보를 제대로 이해하고 받아들이지 못해 적절히 대응하지 않는다면, 그것이 누구의 책임이겠는가? 상대방을 비난하기는 쉽다. 때로는 그럴듯한 이유도 덧붙일 것이다. 그러나 명심하자. 정보를 분명하고 이해하기 쉽게 전달해서 상대방이 그것을 수용하고 바르게 행하도록 하는 일은 전적으로 정보 전달자의 몫이다.

다양한 커뮤니케이션 채널을 활용하라

오늘날과 같은 디지털 시대에는 의사소통이 놀라울 정도로 빠르고 용이하며, 그 수단도 무수히 많다. 그러나 사람들이 받아들일 수 있는 정보의 양은 한정되어 있다. 이메일, 휴대폰, 메신저 등 엄청난 양의 정보를 빠르게 제공할 수 있는 매체가 도처에 있지만 이를 남용해서는 안 된다는 말이다. 막대한 정보를 일방적으로 전달하기보다는 효율적으로 쌍방향 커뮤니케이션 할 수 있어야 한다.

한편으로는 직접적인 대화, 회의, 메모, 보고서, 브로슈어, 책자 등의 고전적인 커뮤니케이션 수단도 염두에 두어야 한다. 이들은 이들 나름의 중요한 역할이 있기 때문이다. 더불어 누군가 "어떤 일이 진행되는 거죠?"라고 물으면 당신이 하는 일을 30초 내에 요약해서 답변할 수 있는 '초고속 스피치'를 준비해 두어야 한다.

제대로 소통하라

무엇보다 프로젝트의 필수 단계마다 효율적인 커뮤니케이션을 실시해야 한다. 계획회의, 시작회의, 후속점검회의, 보완전략회의 등에서 효율적인 커뮤니케이션을 실시하라. 그러면 참여자들 간의 원활한 소통이 이루어질 것이다.

회의나 대화를 할 때는 먼저 목표와 배경, 현황을 간략히 설명하여 구체적인 커뮤니케이션을 위한 무대를 마련하자. 그러면 참여자들이 같은 생각을 공유하게 되고, 잊기 쉬운 사실들을 다시 기억하게 되며, 앞으로 할 이야기에 대한 배경 정보를 인지하게 되는 효과가 있다.

길게 중언부언할 필요는 없다. 거창하기보다는 구체적이어야 한다. 빈 공약은 최소로 하고 실제 제공할 수 있는 것을 강조하자. 상대방이 잘 모르는 전문 용어는 피하자. 근거 없이 듣기에만 좋은 감언이설도 피하자. 그러지 않으면 "당신은 정말 중요합니다."는 "하지만 보상이 크지는 않을 겁니다."로, "당신의 지원이 필요합니다."는 "그래서 당신의 어리석은 생각과 불평에 대응하느라 시간을 낭비하고 싶지 않습니다."로, "모든 단계마다 당신을 참여시키겠습니다."는 "그러니 제 일을 가로막지 마십시오. 갈 길이 바쁩니다."로, "저희가 처리할테니 걱정마십시오."는 "그렇게 까다로운 요청은 기억하지 않겠습니다."로 들릴 것이다.

"늦어서 죄송합니다."라는 얘기로 대화를 시작하지 않도록 일을 제대로 하자. 사과하느라 시간을 허비하는 일은 없어야 한다. 사람들의 참여를 막거나, 동정심을 얻으려 하거나, 불안감을 해소하기 위해 시간을 허비하는 경우를 자주 보게 되는데, 바람직하지 않다. 행동과 커뮤니케이션을 잘 연결시키자. 그것이 시간을 절약하고, 일을 제대로 추진하는 방법이다.

피드백을 받고 활용하라

정보가 잘 전달되지 않으면 제대로 된 의사소통이라 할 수 없다. 당신이 한 말에 대해 상대방이 어떻게 생각하는지 물어보자. 그리고 상대방이 놓친 부분이나 오해한 부분이 있는지 잘 들어보자. 몇 번 반복해서 말해야 할 때도 있으니 인내심을 갖자. 상대방이 내용을 잘 이해하고 있으면 다시 반복할 필요가 없다. 다음 주제로 넘어가자.

상대방에게 행동을 요구하는 중이라면 상대가 요구의 내용을 이해하고, 수용하고, 착수할 준비가 되었는지 확인하자. "그건 제가 처리할게요."라는 말이 얼마나 모호한지를 잘 생각하자. '그건'이 무엇을 말하는지, '처리'하기 위해 무엇을 해야 하는지 분명하지 않으면 후속점검을 하자. 상대방이 약간이라도 망설이는 것처럼 보인다면 실제로 문제가 있을 가능성이 높다. 이때는 바로 그 자리에서 문제를 해결하자.

반대로, 누군가 당신에게 임무를 부여하는 상황이라면 반드시 당신이 할 수 있는지를 생각하자. 잊어버리거나 나중에 딴 생각을 하지 않도록 잘 적어두자. 인간의 기억력은 믿기 어려우며 잘못된 기억의 여파는 상당히 큰 문제가 될 수 있다.

대화를 종료할 때는 언제나 다음 단계를 합의하고 액션을 취할 날짜와 시간을 정하자. 타이밍이 빗나가서 실행이 실패하는 일도 흔하기 때문이다.

그룹 안에서의 소통을 보다 공식화하고 일관된 메시지를 내보내려면 의사소통 계획을 하나의 과제로 삼아야 한다. 의사소통 전략과 계획을 논의하고 핵심 포인트를 정하자. 팀원이나 친한 동료와 함께 리허설을 해보는 것도 좋다. 회의의 말미에는 정보를 다시 요약, 검토하면서 누구에게 어떻게 전달할 것인지 정리하자. 그러면 회의 내용을 요약할 수 있을 뿐 아니라 참여자들이 그 내용을 잘 이해하고 있는지도 확인할 수 있다. 오해가 있으면 바로 잡고, 요약한 내용은 정리해서 회의가 끝난 즉시 참여자들에게 나눠주자.

일이 너무 많아 보이는가? 하지만 부실한 의사소통으로 인해 생긴 문제들을 해결하는 것보다는 시간이 훨씬 덜 소비될 것이다. 의사소통을 잘하려면 다음의 원칙들을 잊지 말자.

» 효율적인 의사소통을 위해 해야할 일
- 작업 프로그램의 필수 항목으로 의사소통 과정을 삽입한다.
- 회의나 대화의 첫머리에 목표와 배경, 현황을 간략히 브리핑하여 구체적인 소통을 위한 무대를 마련한다.
- 거창한 것보다는 구체적인 것을 추구한다.
- 빈 공약을 최소화하고 실제 전달 가능한 것에 초점을 맞춘다.
- 피드백을 받아 활용한다.
- 잊어버리거나 왜곡하지 않도록 결정 사항을 기록한다.
- 의사소통 구조의 규모가 클 때는 공식적인 소통 프로그램을 만든다.

» 효율적인 의사소통을 위해 삼가야 할 일
- 상대방의 비위를 맞추기 위해 노력한다.
- 상대방이 잘 모르는은 전문용어를 사용한다.
- 실천하기 어려운 공약을 내건다.
- 잘 모르는 내용을 왜곡하거나 아는 체 한다.

반대자들에 대응하라

지지층을 구축하는 작업이 끝나면 그 모멘텀에 의해 프로젝트가 성공적으로 착수될 것이다. 프로젝트를 방해하거나 반대하면서 마지못해 끌려오는 사람들에 대해서도 걱정할 필요가 없다. 효과적인 반대세력을 구축할 만큼 힘을 얻지 못할 것이기 때문이다. 그럼에도 불구하고 까다로운 부하직원이나 동료, 상사에 대해 조치를 취할 필요가 있다면 아래와 같은 다양한 전술을 활용할 수 있다.

까다로운 부하직원

성과가 낮은 사람, 관심을 분산시키는 사람, 일을 방해하는 사람을 프로젝트팀에 계속 남겨두어서는 안된다. 먼저, 당신이 목격한 구체적인 문제들을 메모로 정리해 두자. 그런 다음, 그 정보를 토대로 해당 직원과 이야기를 나누고 그의 반응과 교정 가능성을 살펴보자. 상황이 개선될 것 같은가?

개선 방법에 합의하고 나면 해당 직원이 실제로 상황을 개선할 수 있도록 도와주자. 그리고 진척상황을 점검하자. 하지만 일정한 시간이 지난 후에도 별다른 변화가 없다면 문제의 직원을 다른 업무로 이동시키거나 탈락시켜야 할 것이다. 이때도 구체적으로 생각을 정리한 뒤에 대화를 나누며 이동 또는 탈락 일정을 잡아야 한다. 그 사람에게 더 잘 맞거나 적어도 체면을 유지할 수 있는 길이 있다면 좋을 것이다.

까다로운 동료

일에 도움이 되지 않는다는 이유로 동료를 타부서로 이동시키거나 탈락시키기는 어려울 것이다. 따라서 다른 전략을 써야 한다. 먼저, 무슨 일이 언제 어떻게 발생했고, 프로젝트의 성공에 어떤 영향을 끼치고 있는지 구체적으로 정리하자. 이때 사적인 감정은 배제해야 한다. 상대를 비난하지 말고 문제의 개요를 기록하여 결과를 지적하자. 당신이 관찰한 바를 검증해줄 사람을 찾자. 그 사람은 당신이 신뢰할 수 있고, 문제의 상황을 관찰할 수 있는 위치에 있는 사람이어야 한다.

그 다음, 해당 동료와의 대화를 통해 서로 상황을 이해하고 개선할 수 있는지 이야기 해보자. 이야기를 여러 차례 해야 할 수도 있다. 또 당신의 의견을 전달하고 해결책을 내기 위해서 강경한 입장을 취해야 할 수도 있다. 이 과정이 실패하면 상부로 올라간다. 당신과 문제의 동료 바로 윗선의 상사에게 이야기해서 당신의 입장이 옳다는 것을 입증하고 해당 동료에 대한 해결책을 강구해야 한다. 이때 당신과 동료 그리고 상사가 함께 앉아서 상황을 논의하고 개선책을 마련할 수도 있다. 일정한 시간이 지나도 해결되지 않을 때는 차라리 시간을 허비하지 말고 그냥 다음 단계로 옮겨가는 것이 낫다. 때에 따라서는 문제의 동료(또는 당신 자신)가 현재의 위치를 바꾸거나, 프로젝트를 떠나야 할 수도 있다.

동료들과의 문제는 상당 부분 프로젝트 초기에 해결할 수 있다. 동료들의 부정적인 태도는 무관심이나 수동적인 반발에서부터 적극적인 반발과 분명한 반대에 이르기까지 다양한 수준으로 나타날 수 있다. 대부분의 사람들은 사전에 기대사항을 분명히 알려주면 기꺼이 협력하기 마련이다.

프로젝트에 참가하는 동료들과 함께 상사를 배석시켜서 당신이 맡은 과제와 각자의 역할, 동료로서 이 과제를 도와줘야 할 책임에 대해 논의하자. 또 상사가 진척상황 점검에 참여하도록 만들자. 그러면 동료와 문제가 발생했을 때 혼자서 골머리를 앓지 않아도 될 것이다. 이와 같은 공동 관리감독 프로세스를 한동안 지속해야 할 때도 있는데, 이 방법은 대부분의 경우 상당히 효과적이다.

까다로운 상사

사람들은 보통 권력, 지혜, 단호함 등의 속성을 상사와 연결시켜 그들을 전지전능한 인간으로 상상하는 경향이 있다. 하지만 현실에서 권력을 갖고 있는 사람들은 대체로 매우 바쁘다. 그들은 당신의 문제 외에도 다른 여러 문제들에 사로잡혀 있다. 또 명령을 내리면 다른 사람들이 그대로 복종하는 문화에 익숙해 있다. 문제나 제안 또는 요구사항을 들고 오는 직원들을 좋아하지 않는 상사도 있다. 반면, 개방적인 태도로 부하직원들의 이야기를 듣고 도움을 제공하는 상사도 있다. 미리 속단하지 말자. 가서 이야기하고 상사가 정말 원하는 것이 무엇인지 알아보자. 그리고 거기서부터 시작하자.

상사가 쓰고 있는 가면의 이면을 보았으나 아무런 공통점이나 만족스러운 방향도 찾지 못했다면 다른 전략을 써보자. 상사의 동료와 의논해서 앞으로의 진행방향에 대한 조언을 구할 수 있는지도 살펴보자. 그것도 여의치 않다면 상사의 상사에게서 얻을만한 것이 있는지 찾아보자.

위계 구조가 확고한 조직이라면 이런 식으로 우회하는 전략이 다소 위험할 수 있다. 당장은 아니더라도 언젠가는 대가를 치러야할 지도 모른다. 여기서도 역시 당신의 입장이 중요하다. 이 문제가 그 정도로 맞설 가치가 있는가? 거기서 얻을 이득이 리스크보다 큰가?

당신의 주장이 아무리 옳더라도 그저 화가 나서 싸우려는 것이라면 스스로 경계해야 한다. 객관적으로 조사하고, 공통의 해결책을 찾고, 문제 해결을 위해 사람을 모으는 것이 훨씬 현명한 방법이다.

여러 전략을 다 사용했음에도 불구하고 상황이 변하지 않는다면 보다 단호한 조치가 필요하다. 당신의 주장을 문서로 작성하고, 몇몇 관련자들을 불러 모아 이 문제에 시간과 관심을 기울여 달라고 요구하자. 그리고 한 번에 하나씩 아이디어를 제시하며 사람들이 잘 이해할 수 있게 하자. 어떤 사람들은 합리적인 결론에는 관심이 없고 그저 스마트해 보이고 싶어서 이것저것 신속한 해결책을 제시하기도 할 것이다. 그런 사람들을 경계하고 단호한 입장을 견지하자. 당신이 옳다면 그리고 보복이 아닌 진정한 해결책을 원한다면 당신은 영웅이 될 수도 있다.

마지막으로, 그냥 무시하고 넘어가는 것도 주변의 여러 잡음에 효과적으로 대처하는 전술 중 하나다. 사소한 비판이나 냉소주의, 간헐적인 반발이나 빈정거림 따위는 그냥 한 귀로 듣고 한 귀로 흘려버리자. 해야 할 일에 집중하면 분명히 해낼 수 있을 것이다.

원활한 소통을 위해 알아두어야 할 사항

상사 또는 개시자
- 스스로 과제를 잘 이해하고 있는가?
- 일정과 목표, 예산대로 일을 진행하고 있는가?
- 다른 조직이나 영역에 영향을 끼칠 만한 문제는 없는가?
- 어떻게 보고를 받을 것인가?
- 예기치 않은 일이 발생했는가?
- 이 일이 자신의 이미지에 영향을 미치는가?
- 이 일이 성공할 수 있는가? 성공할 수 있다면 언제인가?

직속부하 및 기타 직원
- 무슨 일이 진행되고 있는가?
- 이 일이 나의 일과 급여, 미래에 어떤 영향을 미치는가?
- 언제 무슨 일을 해야 하는가?
- 내가 도울 수 있는 방법은 무엇인가?
- 내가 미리 알아야 할 정보가 있는가?
- 누가 어떻게 내게 의견을 물어올 것인가?

동료 및 타부서
- 무슨 일이 왜 진행되고 있는가?
- 그 일이 나와 내 부서에 어떤 영향을 끼칠 것인가?
- 내가 언제 무슨 일을 해야 하는가?
- 내가 도울 수 있는 방법은 무엇인가?
- 내가 미리 알아야 할 정보가 있는가?

- 누가 어떻게 내게 의견을 물어올 것인가?

고객, 협력사, 기타 외부 관계자

- 무슨 일이 진행되고 있는가?
- 그 일이 내 사업과 미래에 어떤 영향을 끼칠 것인가?
- 내가 언제 무슨 일을 해야 하는가?
- 내가 도울 수 있는 방법은 무엇인가?
- 내가 미리 알아야 할 정보가 있는가?
- 누가 내게 어떻게 의견을 물어올 것인가?

지원부서 직원(품질, 재무, 감사, 인사, 기획, 정보통신, 기술, 기타)

- 무슨 일이 진행되고 있는가?
- 이 일이 내 분야의 이슈를 충분히 고려하고 있는가?
- 내게 요청한 시기는 적당했는가?
- 내가 언제 무슨 일을 해야 하는가?
- 내가 도울 수 있는 방법은 무엇인가?
- 내가 미리 알아야 할 정보가 있는가?
- 누가 어떻게 내게 의견을 물어올 것인가?
- 프로젝트의 주체가 저지른 실수에 대해 내가 책임을 져야 하는가?
- 내가 취해야 할 행동은 무엇인가?

규제당국 및 관련 기관

- 무슨 일이 진행되고 있는가?
- 프로젝트의 주체가 관련 규제와 법률을 고려했는가?
- 프로젝트의 주체가 요청한 시기는 적당했는가?

- 우리가 언제 무엇을 해야 하는가?
- 우리가 미리 알아야 할 정보가 있는가?
- 프로젝트의 주체가 저지른 실수에 대해 우리가 책임을 져야 하는가?
- 우리가 취해야 할 행동은 무엇인가?

위험요소와 장애물을 돌파하라

아무리 철저하게 계획을 짜고 준비를 하더라도 예기치 않은 문제나 사건이 발생할 수 있다. 이 때는 그 장애물을 우회하거나 극복하는 방법을 찾아야 한다. 그러자면 끈기와 창의적인 사고가 필요하다. 언젠가 한 엔지니어가 이렇게 말하는 것을 들은 적이 있다.

"두 번 다시 '불가능'이라는 말을 믿지 않을 겁니다."

당시 그가 추진하고 있던 프로젝트에 예상보다 복잡한 기술적인 문제가 발생했었다. 그의 상사는 "현실을 직시하게. 물리의 법칙을 자네가 어떻게 이기겠나."라고 말했다. 하지만 그는 프로젝트가 지연되는 것을 보고 있을 수 없었다. 그는 포기하지 않았다. 그리고 어느 금요일 오후 늦게 희망이 보이는 해결책이 나왔다. 기술팀과 함께 하루를 꼬박 브레인스토밍 한 결과였다. 이 팀은 주말 내내 그 아이디어를 시험했고, 화요일이 되자 그 효과를 입증할 수 있었다.

그는 뿌듯한 마음으로 관리팀과의 정기 점검회의에서 해결책을 보고했다. 이러한 성과는 그가 마지막 순간까지 팀원들과 일을 밀어붙인 끝에 나온 것이었다. 그 결과, 그 일을 추진한 모든 사람들이 불가능해 보이는 일도 해낼 수 있다는 교훈을 얻었다.

문제는 왜 발생하는가

신제품이나 새 프로세스를 개척하다보면 기술적인 문제들이 튀어나오는 경우가 종종 있다. 경제와 시장 상황에 대한 전망이 뒤집힐 때도 있다. 하지만 문제의 본질이 관리에 있는 경우도 흔하다. 2003년, 나딤 마타와 론 애쉬케나스는 〈하버드 비즈니스 리뷰〉에 "왜 좋은 프로젝트가 실패하는가Why Good Projects Fail Anyway"라는 글을 기고했다. 이 글에서 두 사람은 프로젝트 기획자들이 두 종류의 리스크를 과소평가하거나 간과하는 경향이 있다고 지적했다. 바로 '여백 리스크white space risk'와 '통합 리스크integration risk'가 그것이다.

여백 리스크란 필수 활동의 일부를 사전에 발견하지 못해서 프로젝트 계획에 빈틈이 생기는 것을 말하며, 통합 리스크란 여러 활동들이 별개로 잘 진행되다가 막상 최종 결과를 내기 위해 서로 통합되어야 하는 지점에서 실패하는 경우를 가리킨다. 통합 리스크는 특히 수개월 또는 수년 동안 지속되는 대규모 시스템 개발 프로젝트나 조직 개발, 경제 개발 프로그램과 같은 장기 프로젝트에서 자주 발생한다.

이에 대한 마타와 애쉬케나스의 해결책은 장기 프로젝트를 진행하는 도중에 단기적인 성과를 내는 소규모 프로젝트들을 삽입하는 것이었다. 이 시기는 빠를수록 좋다.

●● 니카라과의 농부 120,000명을 대상으로 농업 생산성을 30% 높이는 장기 프로그램이 진행되었다. 하지만 니카라과 농림부와 자금 지원 기관인 세계은행 둘 다 여기서 실질적인 성과를 거둘 수 있을지를 우려했다. 그래서 이들은 실무팀을 구성하여 3개월 내에 실질적인 수익을 내는 여러 개의 단기 프로젝트를 진행했다. 한 팀은 앞으로 120일 동안 60개의 중소규모 낙농가에서 A등급 우유 생산량을 1일 600갤론에서 1600갤론으로 높이는데 주력했다. 다른 팀은 향후 100일간 30개 농가에서 돼지의 몸무게를 30% 증가시키는 것을 목표로 잡았다.

당장의 포커스는 구체적이고 단기적인 목표, 즉 더 많은 우유를 생산하고 돼지의 몸무게를 늘리는데 있었다. 전형적인 경제 개발 프로그램에서 추진하는 기술 개선, 유통시스템 개선, 인프라 개선과 같은 역량 구축 작업이 아니었다.

이 단기 프로젝트는 성공했고 이윤을 창출하는데 필요한 모든 요소들도 확인할 수 있었다. 이를 통해 여백 리스크와 통합 리스크도 초반에 잠재울 수 있었다. 불과 서너 달 만에 사람들은 이윤을 얻으려면 어떻게 해야 하는지를 보았다. 이처럼 단기 프로젝트는 혁신을 유도하고 사전에 장애물을 찾아 해결하는 역할을 한다.

문제를 돌파하라

때로는 전체 프로젝트가 하나의 큰 혁신 과정이 되는 경우도 있다.

••   어느 생명보험사가 기업문화를 혁신하고, 하이테크 상품시장에 진입하고, 보험과 투자 모두에 관심 있는 새로운 고객층을 개발할 목적으로 업계 최고의 관리자 몇 명을 새로 영입했다. 전무이사 게리는 회사가 원하는 새 문화가 무엇인지 구체적으로 설명해달라는 요청에 이렇게 답했다. "우린 좀 더 빨리 움직여서 신상품을 내놔야 합니다. 하지만 이건 쉽지 않은 전쟁입니다. 기존 운영 방식이 뿌리 깊게 박혀 있어서 쉽게 바뀌지가 않습니다."

그는 좋은 후보 상품 하나를 구상하기 위해 신상품 개발에 관심 있는 4명의 관리자들과 실무회의를 실시했다. 생명보험 사업부장, IT 부장, (상품 디자이너였던) 선임계리사, 그리고 자신이었다. 일정을 조정하고 회의를 잡는 데만 몇 주가 걸렸다.

첫 회의는 사내 회의실에서 열렸는데 '현재' '미래' '출발점' 이라는 제목을 적은 3개의 화이트보드가 앞에 세워져 있었다. 이 회의의 목적은 현재의 신상품 개발 사이클을 점검하고, 새로운 방법을 구상하며, 새 아이디어를 시험할 방법을 수립하는 것이었다. 게리가 말을 시작했다. "잊지 마십시오. 우리는 과거의 프로세스에 오랫동안 길들여져서 우리가 새로운 것을 제안할 때마다 크게 반발하는 사람들을 설득해야 합니다." 회의 참여자들은 가장 먼저 자신들이 원하는 변화의 내용을 구체화해야 했다. 바꾸자고 제안하는 내용이 모호하면 사람들은 당연히 거기에 의문을 제기하고 반대할 것이기 때문이었다.

3개의 보드가 금세 가득 찼다. 기존 프로세스는 순차적인 단계에 따라 제품을 개발하는 전형적인 과정으로, 처음부터 끝까지 신상품 개발 추진을 책임지는 사람이 없었다. 그 방식대로 이런저런 문제를 해결하고 여러 차례 주 정부의 승인을 거치다 보면 시작부터 최종 출시까지 보통 2~3년이 넘게 걸렸다. 그러다 보니 많은 아이디어들이 폐기처분되기 일쑤였다.

한편, 후보 상품에는 현실적인 문제가 있었다. 업계의 주요 경쟁사가 이미 유사 상품을 시장에 내놓은 것이다. 이쪽도 서너 달 내에 자체 상품을 출시하지 않으면 시장 점유율에서 뒤쳐질 것이 뻔했다. 이 프로젝트에는 시급성과 실질적인 필요성이 공존했다.

참여자들은 처음부터 후방 부서원들을 참여시키고, 수평적인 작업 프로세스를 동시다발적으로 진행하고, 한 사람이 전체 작업을 추진하고 조율하여 신속하게 완료 일정을 맞추는 새 프로세스를 만들었다. 또 까다로운 장애물들을 극복하기 위해 일련의 혁신 프로젝트가 필요하다는 데 동의했다. 그림이 그려질수록 참여자들은 더욱 열의가 솟았다.

첫 번째 단계들이 결정되었다. 이 중 가장 핵심적인 단계의 하나로 IT 부장과 선임계리사가 팀을 이루어 소프트웨어 스펙을 설계했다. 실행 가능한 디자인을 완성하는데 2주가 걸렸다. 사실상 이것이 첫 번째 혁신 프로젝트였다. 이렇게 빨리 시스템 스펙을 개발한 적이 없었기 때문이다. 한편, 게리와 보험사업부장은 프로젝트 리더를 선정하는 일을 맡았다. 프로젝트 리더는 직원들 사이에 신뢰가 높은 고참 직원으로 여러 부문의 지원을 끌어낼 수 있는 사람이어야 했다. 에너지가 상승하고 있었다.

2주 반이 지난 후, 회의실에 25명이 모였고 역시 3개의 화이트보드가 준비되었다. 사업부장이 회의를 주도했다. 회의 참여자들은 그의 직원들이었다. 하지만 분위기는 냉랭했다. 아무도 말을 하지는 않지만, 팔짱을 끼고 눈썹을 치켜 올린 채 침묵하고 있는 모습에서 이 프로젝트에 대한 그들의 냉소적인 태도를 알 수 있었다.

사업부장이 말문을 열었다. "우리는 올 가을 안에 신상품을 출시할 방법을 찾기 위해 이 자리에 모였습니다. 타사와 경쟁하기 위해서는 반드시 그렇게 해야 합니다." 직원들이 머뭇거리며 조금씩 반응을 보였다. 기존 프로세스를 적으면서 직원들은 그 단계와 순서에 대해 상당한 논쟁을 벌였다. "그렇게 안했다니까요."라는 말이 계속 튀어나왔다. 사업부장은 이전 회의에서 논의한 새 프로세스를 간략히 설명하고 의견이 있으면 언제든지 말하라고 요청했다. 그런데 참여자들의 질문은 새 프로세스의 타당성이 아니라 조직 내에서의 수용 가능성에 대한 것이 대부분이었다. "회장님이 절대 찬성하지 않으실 겁니다." "이런 일은 시간을 갖고 천천히 진행해야 합니다." "상품이 뭔지 모르는데 시스템 스펙을 먼저 개발할 수는 없습니다." 반대 의견이 이어졌다. 거의 모든 사람들이 한마디씩 했다.

그때 게리가 입을 열었다. "제가 사장님과 회장님, 그리고 신상품위원회에 이미 말씀드렸습니다. 여러분이 가능하다고 생각한다면 이대로 추진하라고 하시더군요. 지금까지 여러분이 제기한 문제들을 보면 방법 자체에 대한 반대 의견은 없었던 것 같습니다."

침묵이 흘렀다. IT 부장과 선임 계리사가 두꺼운 노트를 내 놓으며 말을 꺼냈다. "사실 저희는 팀을 이루어 지난 2주 동안 1차적인 소프트웨어 스펙을 개발했습니다. 그것이 여기 있습니다." 사람들이 놀라서 모여 들었다. "정말인가 보다." "그냥 해보는 소리가 아니군." 이런 말들이 들리기 시작했다.

그러자 사업부장이 프로젝트 리더를 소개하고 각 부서 단위에서 해야 할 핵심 작업과 (프로젝트를 9개월 만에 완료한다는 가정 하에) 마감 일정이 적힌 작업계획서 초안을 나눠 주었다. 사람들은 고개를 끄덕였다. 계획에 포함된 작업들이 합리적이었고, 일정도 세부적으로 보면 그다지 불가능해 보이지 않았기 때문이다. 법무, 마케팅, 교육팀 직원들이 일부 우려의 목소리를 냈지만 전반적인 논의는 이미 차가운 냉소주의에서 구체적으로 해야 할 일과 프로젝트의 성공에 필요한 작업들을 검토하는 쪽으로 바뀌었다.

이 회의 후, 첫 회의에 모였던 4명이 다시 회의를 했다. 직원들과의 회의는 잘 진행된 편이었다. 하지만 프로젝트가 성공하려면 더욱 열렬한 지지가 필요했다. 계획을 구체화하려면 더 많은 작업이 필요했다. 프로젝트가 생각보다 커 보이기 시작했다.

장애를 극복하고 모멘텀을 창출하기 위해서는 특별한 혁신 프로젝트가 있어야 했다. 먼저, 신제품에 대한 주 정부의 승인 절차를 가속화하기 위해 법무팀이 특별 프로젝트를 시작했다. 변호사들은 그렇게 빨리 일을 처리할 수 없다고 말했다. 주 정부의 보험감독부에는 나름의 규정과 절차가 있고 이것을 가로질러 가는 방법은 없다는 것이었다. 그러나 하루 동안의 브레인스토밍 회의를 통해 다른 방법을 찾아냈다. 먼저 5개 주에서만 승인을 요청하고 주 관계자와 매일 연락하면서 제출 서류를 준비하는 것이었다. 이렇게 하면 초기 수익을 창출한다는 첫 번째 목표를 달성할 수 있을 것 같았다. 그런 다음, 다른 주에서도 이 방식을 이용하면 추가 수익을 낼 수 있다고 판단했다.

3주가 지난 후에는 새로운 행동에 돌입했다. 법무, IT, 마케팅으로 구성된 규제승인팀이 타깃으로 잡은 5개 주를 방문했다. 이 팀은 컴퓨터와 프린터를 가지고 가서 그 자리에서 문서를 수정했다. 보험감독부 관계자와 이런 식으로 비 공식적 협의를 하는 일이 정상은 아니었다. 하지만 공식적으로 서류를 제출하고 그 자리에서 정부 관계자의 '비 공식적인' 피드백을 받아 잘못된 부분을 수정할 수 있었다. 이런 과정을 통해 한 번에 완벽한 서류를 제출함으로써 몇 달에 걸쳐 주 정부의 피드백을 받고 다시 수정해서 내는 과정을 없앨 수 있었다. 이 계획은 가능했고 또 성공했다.

두 번째 특별 프로젝트는 마케팅팀에서 진행했다. 영업점 직원과 보험 설계사들에 대한 교육 속도를 높이는 방법을 고안하기 위해 다시 한 번 브레인스토밍팀이 만났다. 이 팀은 반나절 동안의 화상회의를 통해 모든 영업점과 주요 보험설계사들을 한꺼번에 만나는 방법을 시도하기로 했다. 더 이상 일일이 방문할 필요가 없었다. 그 결과, 그동안 수개월씩 걸리던 교육 과정을 불과 4시간 만에 400여 명의 영업인들에게 제공할 수 있었다.

시간이 지나고 프로젝트가 서서히 구체화 되면서 모멘텀과 참여 의지도 상승했다. 마지막에는 본부와 지사의 임직원 1,200명 이상이 참여했다. 그들은 9개월만에 드디어 목표대로 제품을 출시할 수 있었다. 그리고 첫 달에만 5백만 달러의 수익을 창출했다. 회장은 수백 명의 참여자들을 한자리에 모아 눈부신 성공을 축하했다.

이 프로젝트는 2주 만에 시스템 스펙을 완성하고, 주 당국의 승인 절차를 줄이고, 교육 절차를 간소화하는 등 단기 혁신 프로젝트를 모으는 것이 전체 프로젝트를 추진하는 방식이 될 수 있음을 보여준 사례다.

이를 통해 새로운 문화가 단계적으로 회사 전체에 유입되었고, 사람들은 독방에서 나와 서로 협력하기 시작했다. IT부서와 일부 직원들이 업무 압박에 시달리기는 했지만 전체적으로 조직의 업무 속도가 빨라졌고 직원들 사이에 들뜬 분위기가 감지되었다. 새 시장에 맞는 신상품이 출시되었고 정책 관리에 첨단 솔루션이 도입되었다.

　조직의 문화는 절대 억지로 바꿀 수 없다. 문화를 성공적으로 혁신하는 열쇠는 새로운 성과물을 창출하는 데 있다. 단기적인 성과와 혁신을 통해 사람들에게 활력을 불어넣고 구체적인 목표를 달성함으로써 커다란 프로젝트를 성공시킬 수 있다. 새로운 문화는 그러한 성공 뒤에 따라오는 자연스러운 부산물이다.

즉흥적으로 대처하라

문제에 직면했을 때 즉흥적인 대처법으로 그것을 극복해야 할 때도 많다. 그런 면에서 볼 때, 즉흥적인 대처도 실행의 일부라고 할 수 있다. 앞의 사례에서 큰 문제를 여러 개의 단기적인 프로젝트로 쪼갠 것도 일종의 즉흥적인 대처라 할 수 있다.

문제에 대한 즉흥적인 대처법

즉흥적인 대처법 역시 여러 가지 방법으로 상황에 맞게 활용할 수 있다.

　첫째, 막다른 골목이나 장애물을 만났을 때는 원하는 것을 얻을 수 있는 다른 방법이 있는지 일단 멈춰 서서 생각해 볼 수 있다. 대부분의 경우 몇 분만 생각하면 대안을 찾을 수 있을 것이다.

　둘째, 혼자서 좋은 아이디어를 내기 어려우면 다른 사람과 이야기를 나

뉘보자. 서로 생각을 주고받다 보면 좋은 아이디어들이 떠오를 것이다.

셋째, 생각을 주고받는 것으로 부족하다면 브레인스토밍을 해보자. 브레인스토밍은 특정한 의견을 선호하거나 비판하지 않고 자유롭게 아이디어를 주고받는 방법으로 이미 그 효과가 입증된 방법이다. 브레인스토밍을 통해 여러 개의 아이디어를 얻은 다음, 그 중 효용가치가 높은 것을 선택하면 된다.

넷째, 그래도 해결책이 나오지 않는다면 좀 더 고차원적으로 문제를 분석하고 해결하는 도구를 이용해 보자. 이들 도구 중 일부는 품질관리 기술에서 나온 것으로, 근본 원인 분석, 통계 분석, 시스템 분석 및 시뮬레이션, 실험 디자인 등이 여기에 해당한다. 일례로, 파레토 차트는 작업 프로세스에서 문제가 발생하는 횟수를 추적하는 도구이며 '생선가시도표 fishbone diagram' 라 불리는 이시카와 도표는 문제의 근본 원인을 찾는데 도움을 주는 도구이다. 산점도는 다양한 변수들의 상관관계를 보기에 좋다. 이들 도구는 모두 실행의 전략을 수립할 때 요긴하게 쓸 수 있다.

프로젝트 진행 도중에 발생하는 문제들은 대개 기술적인 문제이기 보다 '사람의 문제' 인 경우가 많다. 사람 문제에 있어서의 즉흥적인 대처는 대개 공감, 참여, 자극, 설득, 협상과 관련된다. 153~154쪽의 〈즉흥적인 대처의 사례〉는 몇 가지 전형적인 즉흥성 문제와 그 이면의 상황, 이를 극복하기 위해 할 수 있는 일들을 요약한 것이다.

즉흥적인 대처의 사례

문제 | "이건 불가능해요"라고 말한다.

상황 | 사람들은 보통 규정과 절차, 습관, 관행에 따라 '할 수 있는 일'과 '할 수 없는 일'을 정한다. 그래서 실제로 '할 수 있는 일'을 보지 못한다. 실제 장애물은 시험해보기 전까지는 알 수 없다.

조치 | 규정이나 절차 등 당신을 가로막고 있는 모든 것을 바르게 이해해야 한다. 그래서 당신의 오해로 인해 상황을 잘못 보는 일이 없어야 한다. 다른 사람들의 생각을 이해하고 다른 가능성이 있는지를 탐색하자. 이때 주의할 점은 당신이 지금 누군가가 '자신은 옳다'고 생각하는 감정적인 부분을 건드린다는 점이다. 그 이미지를 위협해서는 안된다. 하지만 몇 가지 가능한 옵션과 그것을 시도할 근거를 확보한 다음에는 새 방법을 시도할 수 있는지 보자. 끈기가 있어야 승리한다. 사람들은 생각을 바꾼다. '불가능'을 기정사실로 받아들이지 말자. 대부분의 경우 '가능'하기 때문이다.

문제 | 프로젝트를 열정적으로 시작했으나 사람들이 조급해 하고 자신감을 잃었다. 생각보다 일이 어려웠고, 사람들은 처음의 의지를 잃어가고 있다.

상황 | 이것은 매우 흔한 현상이다. 대부분의 프로젝트 팀은 만만치 않은 현실의 벽에 부딪힐 때 침체기를 맞는다.

조치 | 의지를 다지자. 대부분의 사람들은 힘들지만 잘 헤쳐나갈 것이다. 약간의 즉흥성과 약간의 조정 그리고 꾸준한 인내심이 있으면 무사히 위기를 벗어날 수 있다.

문제 | 공급자가 납품을 지연하고 있다.

상황 | 아마도 그들이 너무 낙관적이었거나 지키지 못할 약속을 했을 것이다.

조치 | 프로젝트를 관리하는 것처럼 공급자와 공급망을 관리하자. 공급자와 약속을 체결할 때는 의심의 눈으로 그 약속이 타당한가를 시험하자. 초기 납품이 정시에 이루어지도록 감독해서 정시 납품 관행을 수립하자.

문제ㅣ 기술적인 문제가 일을 가로막고 있으며, 해결책이 분명하지 않다.

상황ㅣ 설계나 프로세스에 대한 가정이 명확하지 않고 현 상황이 설계 상의 가정과 다를 때 이런 문제가 발생한다. 문제의 기술이 제대로 작동하지 않아 수리가 필요할 수도 있다. 여러 기술이 서로 맞지 않으면 이들을 통합하는데 새로운 요소가 필요하다. 관련 데이터를 수집해서 정확성을 테스트하자. 여러 소스로부터 다양한 관점을 수집하자. 차트와 그래프를 활용해서 시간별 데이터를 추적하고 데이터의 방향을 확인하자. 왜 그런가를 계속 묻자. 몇 번 반복하고 나면 많은 문제가 해결될 것이고 근본 원인에 보다 가까워질 것이다. 이시카와 도표를 이용해서 근본 원인을 분석하고 가장 가능성 있는 원인으로 좁혀 나가자.

조치ㅣ 다양한 조건 하에서 여러 가지 가설을 시험해 보고 무엇이 언제 어떻게 효과적일지를 살펴보자. 전문가의 도움을 구하자. 단, 당신의 이야기를 잘 듣고 당신이 이해할 수 있도록 설명해주는 사람이어야 한다. 전문가의 설명이 명확하지 않다면 의심하자.

문제ㅣ 사람들이 새로운 성과 개선 요구를 개인적인 위협으로 받아들인다. 그래서 목소리를 높이며 끈질기게 반발한다.

상황ㅣ 조직적으로 성과를 개선해야 한다는 말이 개인적 성과만을 높여야 한다는 뜻으로 곡해되었다. 그래서 사람들은 성과를 내지 못하면 해고될 것이라는 의미로 받아들이고 있다.

조치ㅣ '당신'이 무엇을 달성해야 하는가와 '우리'가 무엇을 달성해야 하는가를 구분한 뒤 우리, 즉 조직 측면의 성과 개선을 중요하게 다루자. 공동의 목적으로 사람들을 모으자. 사람과 과제를 창의적으로 연결시켜서 각자가 잘 할 수 있는 일을 요구하자. 사람들이 새로운 요구를 받아들이고 거기에 적응할 수 있는 기회를 몇 차례 주고 도움을 제공하자. 해고 위협은 최후의 선택이 되어야 한다.

창의적인 문제해결

구체적인 이슈나 문제가 무엇이며, 여기에 작용하는 요소들은 무엇인지 구체적으로 살펴 보자.

이 문제에 영향을 끼치는 여러 요소들의 영향력과 심각성은 어떠한지 살펴 보자.

문제의 근본 원인이 되는 요소는 무엇인지 추적하자.

프로젝트 관리 상의 문제는 없는지 살펴 보자.
- 사람들이 책임을 받아들이는가?
- 과제가 분명한가?
- 코어팀과 전략이 있는가?
- 전략을 충분히 시험했는가?
- 시작회의가 있는가?
- 효과적으로 요구하고 있는가?
- 문제해결 프로세스를 갖고 있는가?
- 정치적인 문제에 대한 관리가 충분한가?
- 과거의 프로젝트에서 배우고 있는가?

근본 원인을 해결할 수 있는 방법이나 수정 조치 방법을 코어팀과 함께 모여서 브레인스토밍 해보자.

구체적으로 어떤 행동을 취할지 결정하자.

끝날 때까지 강하게 밀어붙여라

사람들은 자기가 맡은 일이 끝나면 프로젝트에 흥미를 잃는 경우가 많다. 그 일을 힘들게 끝낸 경우에는 특히 더 그렇다. 초기의 의욕과 흥분도 점점 수그러든다. 그나마 프로젝트 완료에 관심을 갖고 있는 사람들이 다른 일에 차출되기도 한다. 그래서 종국에는 당신 혼자 프로젝트를 완료하고 최종 결과를 얻기 위해 매달리는 상황이 발생할 수 있다. "우리는 맡은 일을 다 했다. 이제 나머지는 당신에게 달렸다."고 말하는 상황 말이다.

최종 목표를 달성하는 일은 당신뿐 아니라 팀 전체의 일이다. 따라서 당신은 모든 핵심 참여자들을 모아 일을 끝내기 위한 특별 조치를 취해야 한다. 지루하고 특징 없는 결과보고회의나 수동적인 종료행사는 참여자들에게 활력을 불어넣지도, 책임감을 갖고 마무리하도록 동기를 부여하지도 못한다. 시작회의로 힘차게 출발한 것처럼 마무리도 활기 넘치는 종료행사로 끝내자. 그래야만 현재의 프로젝트에 종지부를 찍고 다음 프로젝트로 넘어갈 수 있을 것이다.

종료행사 자체를 작은 프로젝트로 간주하고 스스로에게 물어보자. 목표가 무엇인가? 리더는 누구인가? 계획은 무엇인가? 누가 언제까지 무엇을 해야 하는가? 어떻게 그들 모두를 참여시킬 것인가?

종료 행사를 구상하면서, 다시 말해 목표나 비전을 생각하면서 이 절차를 시작하자. 예를 들면 다음과 같다.

» 다음 주에 고객과 만날 예정이다. 그 전에 반드시 제품 샘플과 시험 결과가 나와야 한다. 그래야만 고객에게 그 효과를 보여주고 제품을 판매할 수 있다.

» 9월 1일 운영위원회 오찬에서 14개 생산성 프로젝트에 대한 최종 결과를 발표해야 한다. 그러면 운영위원들이 이 결과를 바탕으로 내년 목표를 잡을 것이다. 각 팀은 프로젝트 계획서의 요약본, 시험 결과, 팀의 최종 성과 및 해당 성과를 지속시키기 위한 제안, 팀의 내년 목표와 거기에 필요한 지원을 종합해서 운영위원회에 보고해야 한다.

종료행사를 치르기 위해서는 사람들의 행동이 필요하다. 전체 팀원들은 분주하게 최종 결과를 정리해야 하며, 지원부서 직원들은 근거자료가 될 시험 데이터를 최종 검토해야 한다. 프레젠테이션은 리허설을 거쳐 허점이나 오류, 미완된 부분이 있는지 확인하고 수정해야 한다.

시스템이나 제품을 시연하거나 고객, 고위 임원, 동료 직원 앞에서 완성된 제안서를 보여주는 일은 종료행사 준비에 강한 자극이 될 것이다.

대부분의 사람들은 다른 사람들 앞에서 실수하는 것을 매우 싫어하기 때문이다.

종료 행사를 아예 전체 프로젝트의 한 부분으로 포함시켜서 사전에 계획하고 설계하는 것도 하나의 방법이다. 사람들이 행사에 흥미를 느끼도록 재미있는 요소를 첨가하는 것도 좋다.

•• 어느 금속압연 공장이 현재 80%에 머물고 있는 정시 인도율on-time delivery을 높이기로 했다. 이 공장은 모든 것을 한꺼번에 바꾸는 대신, 먼저 시범 주간을 정해 100% 정시 인도율을 달성하는 것으로 목표를 정했다. 프로젝트의 리더인 제조파트 관리자는 제조, 영업, 유통부 직원들과 함께 모든 것을 철저히 준비하기 위해 몇 주간의 준비작업에 착수했다.

시범주간이 가까워 오면서 그는 매일 진척상황 점검과 기획 회의를 실시했다. 고객의 주문량을 확정하고, 원자재를 확보하고, 물류창고 공간과 운송 트럭을 준비하도록 요구했다. 인사부에서는 이 행사를 대대적으로 홍보했고 실수가 없도록 최대한 노력을 기울였다. 팀은 성공적으로 일을 해냈다. 시범주간이 종료되고 최종 선적분이 정시에 출발하자 여기저기서 환호성이 터져 나왔다. 직원들은 경기를 완벽하게 마치고 난 야구선수들 같은 느낌이었다. 이 시범주간은 열렬한 축하가 곁들여진 종료 행사가 되었다. 이 경험을 통해서 팀원들은 정시 인도를 완수하는데 필요한 요소들을 파악하게 되었다. 100% 인도율을 유지하려면 막판에 강력하게 밀어붙인 단계들을 일상화하면 되었다.

9단계에서 예로 든 보험회사의 경우에는 보험설계사들을 위한 반나절 화상 교육이 종료행사가 되었다. 이 행사를 위해 먼저 모든 영업점과 주요 보험설계사들을 전국의 사무실에서 열리는 화상 교육에 참가시켜야 했다. 신상품을 설명하는 자료도 완성해서 배포해야 했다. 상품 주문 시 뮬레이션을 보여주려면 IT시스템이 제대로 작동해야 했다. 신상품에 관한 질문에 답하도록 계리사들도 대기시켜야 했다. 보험료 청구에 관한 질문에 답하려면 계약심사팀도 참가해야 했다. 이 모든 일을 통합하는 것이 '최종 통합 시험' 행사였다. 마케팅 관리자는 화상회의 서비스를 준비하고, 본부 로비를 축하 행사 장소로 예약하고, 음식을 주문하고, 이 모든 일을 조율하는 역할을 맡았다. 6주의 준비기간 동안 일주일에 몇 차례씩 계획과 진척상황 점검회의를 가졌다. 그리고 교육 행사가 끝난 저녁에는 본사 직원들과 함께 로비에서 리셉션을 열었다. 회장이 참석하고 샴페인을 터뜨렸다. 한 달 후, 바라던 대로 수익이 들어오자 전무이사가 다시 한 번 축하행사를 열었다.

어느 제조회사에서는 극동지역 고객들이 요구하는 특수 규격을 맞추기 위해 제품 디자인과 제조 공정을 혁신적으로 개선하였다. 제조부 관리자가 이 프로젝트를 맡았다. 여러 달에 걸쳐 상당한 혁신과 시행착오, 고된 업무가 이어졌다. 제품을 재설계하고, 제조 및 시험 절차를 바꾸고, 참여자들은 새 기술을 익혀야 했다. 전체 프로젝트의 목표는 명료했다. "우리는 40개의 완제품을 연속적으로 인도해야 한다. 또 계약을 성사시키려면 완제품 형태로 최종 조립 공정을 빠져 나오는 40개의 제품을 바로 선적할 준비가 되어 있어야 한다. 최종 생산일은 10월 1일이다. 우리는 그날 고객에게 제품을 납품할 것이다." 여러 차례의 시험 가동이 이루어졌다. 모든 결함은 그 원인을 추적해서 다시는 같은 결함이 발생하지 않도록 근본적으로 문제를 수정했다. 임시방편은 허용되지 않았다. 목표일이 가까워질 때까지 수십 차례의 시험을 거치면서 점점 완벽에 가까운 성과를 내기 시작했다. 마지막에는 '밀어붙이기' 행사를 통해 정시 선적을 완료하는데 전 구성원들의 관심과 노력을 집중시켰다. 마침내 성공적으로 일을 완료하자 현장에 있는 전체 직원들에게 피자와 맥주가 배달되었다. 물론 이후에 더 많은 보상이 제공되었다.

어느 계층의 관리자나 이 같은 테크닉을 사용할 수 있다. 다음은 사무직 업무에 관한 예다.

•• 중앙 사무실의 업무프로세스 관리책임자들은 분기별로 고객지원실에 대해 실시하는 고객만족도 설문조사에서 최고 점수인 '5점'을 달성하는 계획을 세웠다. 이들은 설문조사가 있기 전까지 매주 회의를 열어 거래 통계와 재고량, 품질 통계를 점검했다. 고객지원실에는 추가로 지원이 필요한 부분이 있는지를 물었다. 점수는 이 업무와 무관한 품질관리부에서 매겼다. 그리고 회의실에서 피드백 회의를 겸한 소규모 축하 파티를 열었다. 간단한 음식과 공로상 시상 순서를 마련해 점수를 발표하는 자리에 파티 분위기를 더했다. 이 행사는 또 목표의 중요성을 강조하고 목표에 대한 구성원들의 책임감을 높이는 역할을 했다. 그리고 모든 사람들이 분기마다 계속 '5점'을 받기 위해 최선을 다했다.

다음에 제시하는 항목들은 작업 종료시에 염두에 두어야 할 일들을 요약한 것이다.

» 작업 종료시 해야 할 일
- 그간의 모든 활동을 종합하여 최종 목표를 달성하기 위한 종료 행사를 기획한다.
- 이 행사를 통해 서로의 성과를 인정하고 공유한다.

» 작업 종료시 하면 안되는 일
- 일이 저절로 마무리될 것으로 생각한다.
- 인정과 보상이 부적절해서 실행에 해를 끼친다.

종료행사는 회의나 프로젝트를 계획하는 것과 다를 바 없다. 어떤 면에서 보면 종료행사도 하나의 프로젝트이기 때문이다. 따라서 누가, 무엇을, 언제, 어떻게 할 것인지를 결정해야 한다.

어떻게 보상할 것인가

먼저, 합당한 인정을 받을 가치가 있는 모든 이들의 노고를 인정해야 한다. 그 보상과 인정은 받은 사람 스스로 뿌듯하고 기쁘게 생각할 정도가 되어야 한다. 보상을 어설프게 하면 나중에 다른 실행에 착수할 때 도움을 얻기가 어려울 것이다.

보상 문제는 이 책의 범위를 넘어서는 주제다. 그럼에도 불구하고 몇 가지 기본적인 사항들은 간과할 수 없다. 성공적으로 프로젝트를 실행한 사람들은 그들이 한 일에 대해 인정을 받아야 하고 그 성과에 대한 지분도 공유해야 한다. 이는 당연한 일이다. 그 중 가장 중요한 몇 가지 기본 원칙을 아래에 나열했다.

>> 간결성: 업적에 대한 인정을 빠르고 확실하게 이해할 수 있어야 한다.
>> 연관성: 업적과 인정 간의 직접적인 연관성을 볼 수 있어야 한다.
>> 공정성: 다른 프로젝트와 균형이 맞는 수준에서 인정받아야 한다.
>> 정당성: 근사치나 확률이 아닌 실제 성과에 대한 인정이어야 한다.

인센티브나 금전적인 보상에 대해서는 아직까지 설명하지 않았는데 거기에는 그만한 이유가 있다. 나는 지난 40여 년간 온갖 상황에서 온갖 유형의 관리자 및 조직들과 함께 일 해왔다. 하지만 금전적인 보상이 가장 중요한 동력이 된 적은 없었다. 큰 발전은 대체로 특별한 인센티브나 금전적 보상 없이 이루어졌다. 그렇다고 보상이 전혀 중요하지 않다는 말은 아니다. 하지만 보상을 높인다고 해서 반드시 성과가 높아지는 것은 아니라는 점을 명심해야 한다.

어떤 경우에는 금전적인 보상이 실행을 저해하는 경우도 있다. 인센티브에 영향을 끼치는 문제가 발생하면 실행은 제쳐두고 보상에 대한 논쟁만 격해질 수 있기 때문이다. 따라서 보상을 지급하는 시기는 성과물을 완전히 손에 쥐고 난 후여야 한다. 야구팀들을 보면 어려울 때일수록 연봉 다툼이 심하다. 하지만 월드시리즈에서 승리하고 나면 서로 사이좋게 돈 문제를 해결한다. 영업 수당은 서비스를 제공하고 청구서를 발송하고 대금을 받은 다음에 지급해야 한다. 주문을 받자마자 지급하는 것은 좋지 않다. 회사의 실적이 좋을 때는 실적이 저조할 때보다 이윤을 나누기가 훨씬 쉽다.

결론적으로 말하면, 먼저 목표를 달성하는데 집중해야 한다. 이윤을 나누는 문제는 이윤을 확실히 손에 쥐고 난 다음에 걱정하자. 공정한 보상 규정이 마련되어 있다는 것을 사람들에게 알리고, 프로젝트 도중에 그 규정을 바꿀 수 없도록 미리 문서로 작성해두자. 그러면 일이 좀 더 수월할 것이다. 다음 두 가지는 누구나 인정하는 가장 큰 보상이라 할 수 있다.

» 실질적인 성공: 사람들은 자신이 일을 잘 했을 때를 안다. 동료들도 그것을 알고 있다. 그들 주변에서 빛이 나기 때문에 굳이 말로 안 해도 다 아는 것이다.

» 인정: 사람들은 중요한 직위에 있는 사람이 자신의 성과를 발표해 주는 것을 좋아한다. 그들의 성공을 과장해서 치하할 필요는 없다. 이미 빛나고 있는 모습에 약간의 찬사만 더해주면 된다.

종료행사에서 발표하는 것이 아마도 가장 효과적으로 성과를 인정하는 방법일 것이다. 참여자들의 노고를 리더가 분명히 언급하는 것이다. 팀원들이 기여한 바를 진심으로 인정해 주면 팀워크와 실행력이 배가된다. 군이 비유를 하자면, 9회 말에 끝내기 홈런을 친 선수를 홈플레이트에 서서 열렬히 환영해주는 것과 같다. 그 일의 의미를 아는 사람들이 진심으로, 그 자리에서, 분명하게 '뛰어난 실행'을 인정해주는 것이다.

세상에는 다른 유형의 인정방식도 많다. 총회 자리에서는 이런 저런 '최고상'들이 쏟아진다. 우수직원상, 공로상, 장기근속표창, 금전적 보상 등등 수두룩하다. 앞서 언급한 것처럼 보상은 크고 복잡한 주제이고, 모든 보상은 어찌됐든 중요하다. 하지만 그 보상이 실행에 얼마나 영향을 끼치는지는 분명하지 않다.

금전적 보상은 분명 조직이나 직원들에게 영향을 끼친다. 그러나 오로지 노벨상을 받을 목적으로 과학자가 되는 사람은 없다는 점을 명심하자. 스티븐 스필버그도 아카데미상을 받기 위해 그렇게 많은 영화를 만들지는 않았을 것이다. 야망과 에너지, 욕망, 노하우, 성공하려는 의지가 복합적으로 작용해야만 성공적인 실행이 가능할 수 있다.

종료 행사의 기획

목표 | 프로젝트의 성공을 언제 어떻게 보여줄 것인가? 성공은 어떻게 측
정할 것인가?

리더 및 코어팀 | 종료 행사를 누가 주도할 것인가? 코어팀에서는 누가 참
여할 것인가? 누가 이 일을 지원해야 하는가?

계획 | 구체적으로 누가 언제 무엇을 할 것인가?

측정 | 최종 성과는 어떻게 어떤 범주를 측정할 것인가? 성과는 누가 시
험하고 종결할 것인가?

보상 | 이 행사에 적합한 보상과 인정은 무엇인가? 종료 행사를 위해 준
비해야 할 것들은 무엇이며, 그 일들은 누가 할 것인가?

4

경험에서 배워라

실행하며 배운 내용을 널리 전파하라

자, 이제 깊이 숨을 들이마시자. 종료행사가 끝나고 성과도 나왔다. 하지만 아직 끝나지 않았다. 프로젝트에서 배운 것을 하나하나 되짚어 보고 문서로 구체화하는 시간을 투자하지 않으면 그 가치를 상당 부분 잃어버리고 말 것이기 때문이다.

한 프로젝트를 끝내자마자 숨 돌릴 틈도 없이 다른 프로젝트를 시작하거나, 여러 프로젝트가 동시다발적으로 진행되어서 어느 프로젝트가 시작하고 끝나는지 알기 어려운 환경에서는 스스로 평가하고 학습할 시간을 놓치기 쉽다.

그러나 이것만은 명심하자. 평가와 학습 없이는 실행이 발전할 수 없다. 실행의 역량을 높이려면 실질적인 학습을 유도할 방법을 찾아야 한다. 문제는 이 일이 쉽지 않기 때문에 회피하는 경우가 많다는 점이다.

실행을 학습하는 방법

실행을 배우고 발전시키는 가장 좋은 방법은 공식 평가와 순간학습 in the moment 및 적시학습 just-in-time을 혼합한 3중 접근법을 취하는 것이다.

공식 평가

공식 평가는 프로젝트의 말미나 주요 시점에서 행한다. 이 평가는 많은 자료와 구체적인 의제를 갖고 진행하는 구조화된 회의로, 요점은 다음과 같다.

- » 프로젝트의 성과에 관여하는 고위 인사들과 핵심 참여자 등 모든 주요 당사자들이 참가해야 한다.
- » 명확한 의제와 목표가 있어야 한다. 문제점을 찾는 것만이 이 회의의 목적이 아니다.
- » 배운 것을 행동에 옮기겠다는 확고한 의지를 갖고 회의에 참가해야 한다. 회의 결과를 바탕으로 즉각 조치를 취하겠다는 의지를 갖고 회의장을 떠날 수 있게 해야 한다.
- » 진행자는 생산적이며 의제를 벗어나지 않는 방향으로 회의를 이끌어야 한다.
- » 프로젝트의 목표, 실제 성과, 성과에 영향을 끼치는 요인 등 관련 데이터를 공유해야 한다.
- » 모든 참여자들이 성공의 요인과 문제점, 중요한 교훈, 개선사항에 대

한 의견을 공유해야 한다.

» 여러 아이디어 중 즉각적인 조치를 취할 가치가 있는 몇 가지를 선정해야 한다.

» 나머지 아이디어들은 향후 논의사항으로 남겨둔다.

프로젝트 리더는 이 회의를 주관하고, 향후 계획과 즉각적인 행동을 취하는 일도 맡는다. 다음의 사례를 보자.

•• 극동아시아 지역 시장에 출시할 휴대폰을 만드는 엔지니어팀이 있다. 이들은 신제품 프로젝트를 공식적으로 평가하기 위해 미국 지사의 회의실에 모였다. 미국 지사 측의 기계, 전기, 시험 공학자들이 일본 지사 측의 시험 공학자들, 마케팅부 및 품질관리부 직원들과 함께 자리했다. 품질관리부 직원들은 제품 개발 프로세스의 세부 문제와 신뢰성, 사이클 타임 데이터를 보여주는 차트를 가지고 왔다. 주요 안건은 일본시장에 내놓을 제품의 사이클 타임이었다. 초소형 경량 휴대폰이 이제 막 완성되었다. 하지만 앞으로 4주 내에 고객 시험을 통과해야 했다. 일정이 촉박해 보였다. 이전에도 몇 차례 지연된 적이 있었기 때문에 마음이 더욱 조급했다. 이 평가 회의의 목적은 과거의 지연 원인을 평가하고 새로운 아이디어의 적용 가능성을 검토해 보는 것이었다. 엔지니어들은 각자의 입장에서 지연 사유를 내놓았다. 각 그룹은 또 각자 준비한 개선사항 목록을 가져왔다.

논의가 쉽지 않았다. 객관적인 데이터가 있음에도 불구하고 각 그룹은 다른 그룹에 책임을 떠넘겼다. 그래서 분위기가 약간 경직되었다. 조정자를 자처한 품질관리부 직원들은 최대한 객관적인 논의를 진행하기 위해 노력했다. 결국 함께 데이터를 검토해 보니 미국의 시험 엔지니어팀과 일본의 시험 엔지니어팀 간에 일을 주고받는 과정에 문제의 원인이 있었다. 기본적인 제품 시험은 미국에서 진행되었다. 일본 엔지니어들은 고객 시스템에서 제품의 작동 여부를 시험해본 다음, 미국의 프로젝트 엔지니어와 디자이너들에게 결과를 보고했다. 그런 다음 다시 미국의 시험 엔지니어들에게 일을 보냈다. 이 과정에만 몇 주가 걸렸다.

일본 엔지니어들이 이 모든 시험을 다 할 수는 없을까? 일본 엔지니어들은 자신들이 전적으로 책임질 수 있다고 주장했다. 하지만 다른 사람들은 그러한 변화를 받아들일 준비가 되어 있지 않았다. 게다가 현재로서는 눈앞의 일정을 모두 소화할 만큼 일본 엔지니어팀이 신속하게 움직이기가 어려웠다. 회의 참여자들은 몇 명의 미국 측 시험 엔지니어들과 시험 장비, 한 명의 설계 엔지니어를 일본에 보내기로 결정했다. 이 팀이 일본의 시험 엔지니어들과 협력하면 고객 시험 데이터를 바탕으로 그 자리에서 설계를 변경할 수 있었다. 회의 참여자들은 주 1회 정기 회의를 통해 새 프로세스를 시행하며 프로젝트를 진행해 나가기로 합의했다. 제품을 납품한 후에는 새 프로세스가 실제로 도움이 되었는지, 앞으로도 계속 유지할 것인지를 논의하기로 했다.

순간학습과 적시학습

이보다 구조가 확실하지는 않지만 마찬가지로 중요한 것이 실행 도중에 계속해서 순간학습과 적시학습을 실시하는 것이다. 순간학습은 습관이 되어야 한다. 잠시 멈춰 서서 현재 무슨 일이 진행되고 있는지, 무엇을 배우고 있는지 생각해 보고, 보다 효율적이고 효과적인 방식으로 일을 진행하려면 그것을 어떻게 활용해야 하는지 논의해야 한다. 이것은 상당히 중요하다. 왜냐하면 '학습의 순간', 즉 사람들이 새로운 통찰력을 획득하고 그것을 이용할 준비가 되어 있는 순간을 활용하기 때문이다. 그 순간이 언제 올지는 아무도 모른다. 그렇기 때문에 시간을 내서 생각하고 논의하고 행동함으로써 언제든지 그 순간을 이용할 준비가 되어 있어야 한다.

적시학습은 필요시에 구체적인 학습을 수행하는 것을 말한다. 일례로, 제품 사이클 개선 프로젝트를 맡은 프로젝트 리더가 프로젝트의 전략과 초기 행동계획을 개발하기 위해서 바로 다음 날 제품개발 가속화 프로세스를 전공한 훈련 전문가가 주도하고 숙련된 엔지니어도 참여하는 맞춤형 기획 워크숍에 참가할 수도 있다.

세 가지를 혼합하라

이 세 가지를 합치면 아주 효과적인 학습 프로세스를 만들 수 있다. 공식 평가는 면밀한 분석과 데이터를 바탕으로 견고한 아이디어를 얻는 데 도움이 되며, 순간학습과 적시학습은 새 아이디어를 받아들이고 작업 프로세스와 행동 패턴을 변화시키는 역할을 한다.

학습 프로세스도 관리가 필요하다. 자동으로 조절되는 것이 아니기 때문에 구체화해서 계속 발전시키지 않으면 효과를 거두기 어렵다. 결국 학습이란 현 상황에 편하게 안주하려는 관성에 도전하는 것이다. 충실한 학습을 위해서는 동료나 컨설턴트, 외부 인사나 그룹 등 깐깐한 외부인이 필요할 수도 있다. 학습을 강하게 밀고 나갈 사람이 있어야 한다는 말이다.

공식 평가의 기본 질문들은 간단하다. 목표로 했던 것들을 모두 얻었는지, 어떤 부분이 잘 진행되었으며 잘 진행되지 않은 부분은 무엇인지, 앞으로 더 잘 하기 위해 바꿔야 할 점은 무엇인지 등이다. 이 책에서 설명한 '실행 12단계'를 공식 평가의 기본 질문들로 사용할 수도 있다.

> 핵심 목표가 명료하고 타당했는가?
> 리더가 책임과 주도권을 적절히 행사했는가?
> 리더가 사전에 합의된 명확한 과제를 갖고 있었는가?
> 리더가 좋은 코어팀을 구축하고 확고한 전략을 수립했는가?
> 모든 관계자들을 대상으로 이 전략을 충분히 시험했는가?
> 효과적인 시작회의가 있었는가?
> 적절한 계획, 성과 측정법, 통제 방법을 구축하여 사용했는가?
> 효과적인 후속점검 절차가 있었는가?
> 효과적으로 요구했는가?
> 프로젝트 시행 도중 충분한 혁신이 이루어졌는가?
> 정치적인 부분과 의사소통을 효과적으로 관리했는가?
> 분명하고 효과적인 종료행사로 프로젝트를 마무리했는가?
> 학습 내용을 정리하여 문서로 남겼는가?

학습 프로세스는 하나의 프로젝트를 넘어 회사 운영 전반으로 확대될 수 있다. 그 예를 살펴보자.

어느 제조회사가 최근 몇 년간 합병, 비용 절감, 신제품 출시, 품질 개선 등 실적을 개선하기 위해 상당한 노력을 기울였다. 그리고 현재는 여러 개의 전략적 성장 프로젝트를 진행하는 중이었다. 하지만 프로젝트에 따른 활동이 분주한 반면, 성과물은 거의 없어 보였다. 관리자들은 좀 더 신속하게 움직여서 당면한 수익 목표를 달성하기를 원했다.

문제를 해결하기 위해 이틀 동안 학습을 겸한 실무회의를 열기로 하고 작은 팀을 꾸려 의제를 준비했다. 회의 첫 시간에는 리더가 나와 두 가지 핵심 목표에 주력해 달라고 요구했다. 하나는 다음 분기의 수익 목표를 달성하는 것이고, 다른 하나는 성장 프로그램을 보다 잘 실행할 수 있도록 기본적인 관리 프로세스를 개선하는 것이었다.

두 번째 시간에는 다음 분기 수익 목표를 달성하기 위한 최우선 프로젝트 목록을 만들었다. 그리고 이들 프로젝트를 가지고 정해진 기한 내에 목표를 달성할 수 있는지에 대한 확신 정도를 점수로 매겼다. 그 결과 상황이 아주 명료해졌다. 일부 프로젝트는 궁극적인 목표 없이 활동을 나열한 것에 불과했다. 일부는 목표 날짜가 없었고, 일부는 리더가 없었다. 참석자들은 신속하게 각 프로젝트의 문제를 파악했다.

오후에는 프로젝트의 실행을 관리하고 이들 프로젝트가 서로 시너지 효과를 내도록 할 방법을 논의했다.

이튿날 오전, 관리자들은 장기 성장 프로그램을 바탕으로 자신의 관리 프로세스를 점검했다. 발전을 가로막는 장애물은 무엇인지, 어떻게 상황을 개선할 수 있는지 하나씩 확인해 나가자 중요한 문제들이 발견됐다.

먼저 그들은 너무 바빴고 프로젝트에 대한 동기부여가 충분하지 않았다. 단기적인 성과 목표를 정하지도 않았다. 실패와 통제권 상실에 대한 두려움 때문에 프로젝트의 일부를 다른 사람에게 넘기지도 못했다. 어떤 경우에는 성공과 실패라는 분명한 결과가 없었다. 관여하는 조직이나 사람이 너무 많았고 그것을 통합하려는 노력도 없었다. 관리자들 간의 팀워크도 부족했다. 다들 독자적으로 일하기만 고집했다. 일부 프로젝트는 장기적인 개발 프로젝트였으나 타당성을 검증하는 단기 테스트 과정이 없었다.

이들은 자신의 역할을 프로젝트 리더가 아닌 후원자로 바꾸고, 다른 직원들을 프로젝트 리더로 세워야 한다는데 합의하고, 자신들은 지도부 팀으로서 전체 프로젝트를 조율하는 역할을 해야 한다고 결론지었다.

오후가 되자 다음과 같은 주제에 합의했다. 첫째, 각 부서는 회의를 열어 당면한 수익 프로젝트를 구체화한다. 또 새로운 성장 프로그램의 리더와 과제를 정하고 이들 프로젝트에 대한 점검 절차를 수립한다. 둘째, 관리자들은 한 팀을 이뤄 계속해서 수익 프로젝트와 성장 프로그램을 관리하고 서로의 업무 패턴을 변화시키기 위해서 자체적인 진척상황 점검 일정을 짠다.

이렇게 해서 단순히 하나의 프로젝트가 아니라 관리 프로그램 전체를 위한 학습 과정이 구축되었다. 여기에는 관리 실행 프로세스에 대한 '분석 및 학습 세션', 학습 내용을 즉시 행동으로 적용하는 '행동 세션'이 모두 포함되어 있었다.

어느 계층의 관리자든 이 같은 프로세스에서 도움을 얻을 수 있다. 관리자들끼리 정기적으로 만나서 그간의 성과를 검토하고, 효과가 있는 방법, 개선책, 효율적으로 구성원들을 이끄는 방법 등에 대한 아이디어를 공유하면 모두에게 도움이 될 수 있다.

이러한 자체 평가를 '실행 12단계'의 한 부분으로 활용하면 실행 과정

전체의 모든 이슈를 한눈에 볼 수 있게 된다. 아래 그림은 이 12단계를 요약한 도표다. 이 장 마지막에 제시한 체크리스트를 사용해서 학습 평가 행사를 계획하고, 자신의 점수를 매기고, 실행 성과 프로필을 작성해 보자.

○○ 실행의 핵심 요소

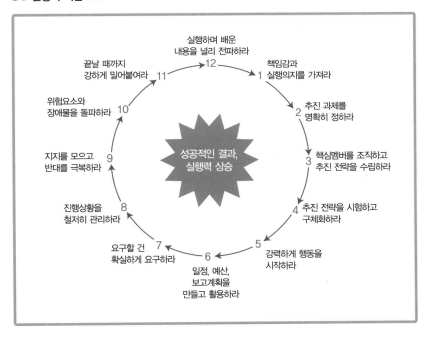

학습 점검

학습 점검은 프로젝트의 주요 시점이나 완료 시점에 행한다. 모든 핵심 참여자들은 실제 성과 데이터를 가지고 회의에 참석해야 한다. 개방형 논의로 진행하며, 회의 내용을 기록하여 내용을 문서로 남긴다. 아래의 의제는 프로젝트 종료 후의 학습 회의를 위한 것이다.

의제

1. 회의의 목표를 검토한다(짧게 하되, 모든 사람들이 집중하도록 한다).
   - 목표:
   - 초기 계획:

2. 중요 요소들을 중심으로 목표와 실제 성과 사이의 차이점을 논의한다.

3. 토론한다(모든 사람들이 질문 항목을 볼 수 있도록 보고서나 빔 프로젝터로 아래와 같은 토론 주제를 보여주자.)
   - 무엇이 잘 되었는가?
   - 무엇이 잘 되지 않았는가?
   - 우리가 배운 중요한 교훈은 무엇인가?
   - 그 결과 우리가 지금 당장 바꿔야 할 것은 무엇인가?
   - 그 결과 우리가 장기적으로 바꿔야 할 것은 무엇인가?
   - 누가 언제 어떤 조치를 취해야 하는가?

프로젝트 실행의 성공 여부 평가

	목표초과	목표달성	목표미달	이유
- 최종 목표를 달성했는가?	☐	☐	☐	_____
- 계획된 일정에 맞았는가?	☐	☐	☐	_____
- 계획된 예산에 맞았는가?	☐	☐	☐	_____

프로젝트가 얼마나 잘 관리되었는지 실행 12단계를 평가하자.
(각 항목을 '우수' '양호' '취약' 으로 평가하고 이유를 점검하자)

1. 성공을 설계하라
   - 리더가 책임과 주도권을 적절히 행사했는가?
   - 리더가 사전에 합의된 명확한 과제를 갖고 있었는가?
   - 목표가 분명하고 타당했는가?
   - 리더가 좋은 코어팀을 구축하고, 확고한 전략을 수립했는가?
   - 모든 관계자들을 대상으로 전략을 충분히 시험하고 가다듬었는가?

2. 행동하라
   - 효과적인 시작회의가 있었는가?
   - 적절한 계획, 성과 측정법, 통제 방법을 구축하여 사용했는가?
   - 효과적인 후속점검 절차가 있었는가?

3. 문제를 해결하라
   - 효과적으로 요구했는가?

- 프로젝트 시행 도중 문제 해결과 혁신이 충분했는가?
- 정치적인 부분과 의사소통을 효과적으로 관리했는가?
- 효과적인 종료 행사로 프로젝트를 마무리했는가?

4. 경험하며 배워라
   - 학습 내용을 정리하여 문서로 남겼는가?
   - 성공에 영향을 준 다른 요소들은 무엇인가?
   - 전체적으로 볼때 주된 취약점은 무엇인가?
   - 취약점을 개선하기 위해 무엇을 할 것인가?

2

큰 목표를 실행하는 기술

1부에서는 실행의 기본 요소들을 다루었다. 이 12가지 기술에 익숙해지면 조직의 유연성이 증가하고 업무 추진에 가속도가 붙기 시작할 것이다. 2부에서는 조직을 보다 신속하고 효율적으로 움직이는 방법을 소개한다. 먼저, 숨겨져 있던 잠재력을 발휘하게 만드는 '열정'에 대해 살펴볼 것이다. 그 다음에는 실행의 돌파구를 마련하기 위한 단기 프로젝트에 대해 설명할 것이다. 단기 프로젝트를 잘 활용하면 성과와 모멘텀, 실행 역량을 빠르게 높일 수 있다. 단기적인 성과를 쌓아가면서 점차 크고 야심찬 목표에 도전할 수도 있다. 그러면 별다른 비용을 들이지 않고도 높은 성과와 변화를 얻을 수 있게 된다. 2부의 마지막 부분에서는 고위 경영진이 수행해야 할 핵심 과제에 대해 설명할 것이다. 바로 수익과 실행력을 높이는 핵심 목표 몇 가지에 조직의 모든 역량을 집중하는 방법이다.

열정으로
추진력을 높여라

조직이 위기상황에서 얼마나 커다란 생산성을 보이는지 생각해 보자. 위기상황은 조직 안에 잠자고 있던 에너지와 참여의지, 창의성 등 놀라운 역량을 끌어낸다.

사람들이 모여 있다. 그리고 위기를 타개하기 위해서는 무엇이든 할 준비가 되어 있다. 평소와 비교할 때 크게 바뀐 것은 없다. 다만 시급하고 중대한 문제가 발생했고, 거기에 대응하는 자세가 바뀌었을 뿐이다.

●● 사우스캐롤라이나 주에 있는 어느 카펫 공장의 지붕이 폭설로 내려앉았다. 실을 짜는 기계 3대 중 1대밖에 작동하지 않았다. 그럼에도 불구하고 이 공장은 변함없이 납기에 맞춰 납품했다.

어느 정유공장은 근로자들이 파업하는 상황에서 평상시 노동력의 1/7만으로 성공적으로 공장을 가동시켰다. 파업이 시작되고 사람들이 퇴사하면서 불과 일주일 만에 막대한 노동력을 상실했지만 그래도 문을 닫지 않았다. 새로운 프로세스와 장비, 교육 등에 추가 투자를 하지 않고 남아 있는 관리자들과 엔지니어들이 설비를 가동했다. 그 결과 기존의 생산성을 일곱 배나 높였고 이 수준이 넉 달이나 지속되었다.

위기는 사람들에게서 놀라운 능력을 끌어낸다. 누구나 그것을 목격한 적이 있을 것이다. 위기상황에서의 실행력과 일상적인 상황에서의 실행력에는 엄청난 차이가 있다. 이러한 경험을 통해 우리는 실행력을 높임으로써 얼마나 큰 차이를 만들 수 있는지를 알 수 있다.

그렇다면 위기상황에서 아주 비범한 성과가 나오는 이유는 무엇인가?

» 당면과제가 현실적이고 가시적이다.
» 목표가 구체적이고 시급하다.
» 직접적이고 즉각적인 행동이 필요하다.
» 상황을 피할 수 없으며 살아남기 위해서는 반드시 해내야 한다.
» 극적인 상황으로 인해 감춰져 있던 감정과 의지가 촉발된다.
» 관료적인 절차와 불필요한 과제는 일단 제쳐둔다.
» 관행과 경쟁의식을 넘어서는 팀워크와 협력이 도출된다.
» 필요에 의해 혁신과 새 리더가 등장한다.
» 목표 달성에 집중하게 되고 관심이 분산되지 않는다.

실행력을 유지하는 법

위기상황이 지나가면 대부분의 경우 실행력이 이전 수준으로 돌아간다. 물론 인간의 지구력에 한계가 있기는 하나, 기력이 소진되어서라기보다는 그처럼 뛰어난 성과를 가능케 했던 '열정'이라는 요소가 수그러들기 때문이다. 모호한 목표들이 다시 우후죽순처럼 등장한다. 시급하고 극적인 분위기가 사라지고 단조로운 일상이 돌아온다. 결과가 불분명해진다. 안이하고 비생산적인 관행이 다시 자리 잡는다. 결국 잠재되어 있는 실제 역량보다 훨씬 낮은 성과를 낸다.

위기가 아닌 일반 상황에서 실적 개선을 위해 기획한 프로젝트들에도 '열정'이 빠져있는 경우가 많다. 그래서 분석하고, 프로세스를 재설계하고, 성과 측정체계를 구축하고, 지식과 기술을 도입해도 결과가 기대에 못 미치는 경우가 대부분이다. 얻은 성과에 비해 들어간 비용이 너무 많을 때도 있다. 상당한 투자를 통해 동기부여나 보상 체계를 구축했는데도 조직에 활력을 불어넣지 못한다.

한편, 능력 있는 관리자들은 열정의 효과를 이해하고 그것을 활용한다. 그들은 사람들을 어렵게 설득하거나 명령을 내리거나 새로운 프로그램과 기술을 도입하는데 집중하지 않는다. 대신, 장기적인 전략 목표를 여러 개의 단기 목표로 나누고, 소규모 프로젝트를 통해 돌파구를 마련해 나가면서 어려운 문제들을 해결해 간다. 쉽게 말하면, 작은 '위기상황'을 계속 만들어내는 것이다.

●● 손해보험 회사인 CNA는 수억 달러의 운영비를 절감했다. 각 사업단에 최고의 비용 비율expense ratio을 설계하고 5개의 단기 프로젝트를 수립한 다음 분기 사업보고 회의에서 첫 프로젝트의 시행 결과를 보고하도록 요구한 결과였다. 이 프로젝트들은 전망이 좋았다. 관리자들도 끈기가 있었다. 결과적으로 2년에 걸친 지속적인 노력 끝에 예상을 훨씬 뛰어넘는 목표를 달성했다.

수많은 경영자와 학자들이 지속적으로 성과를 내기 위한 필수 기반으로 실행을 얘기하고 있다.

●● 제너럴일렉트릭에서 오랫동안 근무한 래리 보시디는 얼라이드시그널의 CEO로 자리를 옮겼을 때 그곳에서 상당한 기회를 보았다. 그리고 얼라이드시그널을 변화시키기 위해 자신의 에너지와 관리자로서의 재능을 쏟아 부었다. 그 결과, 그가 재직하던 8년 동안 이윤이 3배나 상승했고, 자기자본수익률ROE도 10%에서 28%로 훌쩍 뛰었다. 비법이 뭐냐는 질문에 그는 "실행의 원칙을 만들어낸 덕분이다."라고 말했다.

제임스 콜린스는 15,000여 시간을 투자하여 기업이 지속가능한 경쟁 우위를 획득하는 방법을 집중적으로 연구했다. 그의 결론은 원칙을 따르는 사람disciplined people, 원칙을 따르는 사고disciplined thought, 원칙에 따른 행동disciplined action이 탁월한 성과를 내는 열쇠라는 것이었다. 그는 또 지속적으로 높은 성과를 달성하기 위해서는 절호의 기회나 카리스마 넘치는 영웅이 필요한 것이 아니며, 다만 '꾸준한 이행'이 필요하다고 역설했다. 다시 말해, 눈에 띄지 않을 만큼 조금씩 가속되는 플라이휠처럼 작은 변화들이 모여 거대한 힘을 형성한다는 것이다.

니틴 노리아, 브루스 로버트슨, 브루스 조이스는 10년 동안 160개 기업의 실적을 조사한 결과, 전략과 실행 그리고 조직문화가 지속적인 성공의 가장 중요한 요소임을 밝혀냈다. 구조는 4번째로 중요한 요소였다.

잭 웰치, 앤드류 그로브, 루디 줄리아니, 루 거스너를 비롯한 수많은 경영자들이 조직을 성공으로 이끌고 복잡하고 어려운 업무를 수행해내는 비법이 실행에 있다고 입을 모았다. 이들이 성공의 열쇠로 제시한 방법들은 모두 강력하고 지속가능한 실행을 강화하는 것이다.

이제 답은 아주 분명해 보인다. 문제는 어떻게 조직의 실행을 강화할 기회를 만드느냐 하는 것이다. 이제부터 제시할 방법을 활용하면 그 기회를 만들 수 있을 뿐 아니라 실행을 개선했을 때 얻을 수 있는 잠재적인 효과를 수치로 확인할 수도 있다. 이 방법을 시행하는 데는 채 한 시간도 채 걸리지 않을 것이다.

잠재 수익을 추정하라

첫째, 사람들을 전부 다 모으자. 휴대폰, PDA, 컴퓨터는 모두 끄고 혹시라도 손이 가지 않도록 아예 밖에 두자. 방 안에는 사람들만 있어야 하고 그들의 관심이 분산되지 않아야 한다.

둘째, 참석자들에게 위기상황에서 비범한 실적을 낸 사례를 아는 대로 말해 달라고 요구한다. 당신이 먼저 앞서 사례로 든 카펫 공장과 같은 예를 말해주는 것도 좋다. 그러면 불과 몇 분 사이에 십여 가지의 좋은 사례가 나올 것이다. 물론 이렇게 말하는 사람들도 있을 것이다. "그렇다고 언제나 위기상황처럼 일할 수는 없지 않습니까? 지금도 50% 정도는 그렇게 다급하게 돌아가고 있습니다." 그때는 위기상황을 일상의 관리 모델로 채택하자는 것이 아니라 단순히 조직의 잠재력을 알아보기 위한 연습이라고 설명해주자.

셋째, 그와 같은 비범한 성과를 내는 위기상황에서 무슨 일이 일어나는지 나열해 보도록 요구하자. 이번에도 순식간에 답을 얻을 것이다. 그 결과로 당신은 다음에 나열된 것과 같은 '열정을 불러일으키는 요소'들을 얻게 될 것이다.

» 위기와 같은 특별한 상황
» 구체적인 목표
» 시급해 해야만 할 행동
» 피할 수 없는 처지
» 깊이 내재되어 있는 감정과 의지
» 관료적 절차의 배제
» 협력
» 혁신과 새 리더의 등장
» 목표를 향한 흔들림 없는 행보

넷째, 참석자들에게 높은 성과를 내는데 장애물로 작용하는 것을 적으라고 요구한다. 여기에는 반대, 상호 비방, 피해의식과 같은 심리적인 장애물과, 자원, 유능한 리더, 기술 등의 부재와 같은 물리적인 장애물이 포함된다. 또 열악한 소통 체계, 구태의연한 관행과 절차, 복잡하고 관료적인 승인 절차, 부족한 자원과 보상을 두고 다투는 부서 간 경쟁의식과 같은 조직적인 장애물이 존재할 수도 있고, 부실한 전략과 계획, 불분명한 목표, 우유부단한 의사결정, 성과 측정법의 부재와 같은 관리 상의 장애물이 있을 수도 있다.

다섯째, 그러한 장애물이 줄어들고 위기상황과 같은 강한 자극이 있다면 얼마나 높은 성과를 달성할 수 있을지 물어보자. 사람들이 대답하기를 꺼리면 무기명으로 적어내게 한다. 좀 더 답하기 쉽도록 10% 이하, 11~30%, 31~60%, 60% 이상 등으로 범위를 제시할 수도 있다. 투표 결과를 평균하면 구체적인 숫자가 나올 것이다.

내 동료들과 나는 수천 명의 관리자들에게 위의 다섯 가지 질문을 했다. 그리고 단 한 번도 비범한 성과를 유도하는 열정 요소들을 찾아내지 못한 적이 없었다. 잠재적인 실적 향상률은 대체로 30~60%에 달했다. 심지어 100% 이상이 나온 적도 있었다. 이 연습의 의도가 내일 당장 예산을 줄이자는 것이 아니라 어느 정도의 잠재성을 갖고 있는지 확인해보려는 것임을 다시 한 번 사람들에게 상기시키자.

현실에서는 때때로 이보다 훨씬 높은 성과를 기록하기도 한다.

•• PPG인더스트리에서는 특별주문의 경우 납품까지 보통 3~4주가 소요되었다. 하지만 페인트 제조부는 일주일 내로 납품하는 특별주문 상품을 내놓았다. 새 고객을 확보할 수 있는 절호의 기회를 보았기 때문이다. 이

를 통해 종전보다 10배나 높은 실적을 기록할 수 있었다.

　시티그룹 계열의 한 투자은행은 2년간 '100일 실행 가속 프로젝트'를 진행한 결과 주식시장의 폭락에도 불구하고 3배가 넘는 수익과 이윤을 얻을 수 있었다.

　위 사례들은 기존의 일상적인 실적을 내던 바로 그 사람들이, 이전과 똑같거나 주변에 이미 존재하던 기술과 장비, 시설, 사업 모델, 도구를 가지고 얻은 성과라는 점을 기억하자. 유일한 차이는 기대와 실행 수준에 있었다. 다시 한 번 말하지만, 기대와 실행 수준만이 유일한 차이였다.

　이제 당신은 당신의 조직이나 팀이 실행의 가속을 통해 얻을 수 있는 잠재력이 어느 정도인지 숫자로 확인했을 것이다. 그렇다고 당장 뛰어나가 위기상황을 만들거나, 조직을 전시체제로 운영하라는 말은 아니다. 열정을 불러일으키고, 실행 원칙을 활용하고, 목표를 점차 높이고, 일을 보다 능숙하게 처리할 수 있는 문제해결 기술과 정치적 기술들을 사용해 나가다 보면 성과가 단계적으로 증가할 것이다.

　자, 그럼 이제 구체적으로 어떻게 해야 할 것인가? 이 질문에 대한 답은 이 책의 나머지 부분에 있다.

작은 프로젝트부터
단계적으로 추진하라

그리 어렵지 않은 과정을 통해 뛰어난 실행력을 구축할 수 있다. 핵심은 돌파구를 만들 수 있는 '단기 프로젝트'다. 시급하고 중요하며 구체적인 목표를 추구하는 소규모 혁신 프로젝트에 그 비밀이 있다는 말이다. 로버트 샤퍼가《혁신 전략The Breakthrough Strategy》이라는 책에서 설명한 것처럼, 단기 프로젝트를 통해 조직 내에 감춰져 있던 잠재력을 높은 성과로 전환시킬 수 있다. 소규모 혁신 프로젝트는 시급하고 극적이며 신선한 '위기 상황'을 만들어 낸다. 또한 뛰어난 실행력을 만드는 기본이자, 할 수 있고 또 반드시 그렇게 해야 하는 모델이다.

이러한 소규모 혁신 프로젝트는 보통 30일, 60일, 100일의 단기로 진행되며, 성과를 실제로 달성하는 것을 목표로 한다. 소규모 혁신 프로젝트는 사람들에게 안락한 현실을 박차고 나올 것을 요구한다. 한번 해보는 실험이 아니다. 확실한 성공만이 돌파구를 만드는 혁신이라 평가될 수 있다. 소규모 혁신 프로젝트는 이미 갖고 있는 자원을 활용해 발전의 길을 열어줌과 동시에 모든 참여자들에게 학습의 기회를 제공한다. 결론적으로 소규모 혁신 프로젝트는 실행력을 키우는 기본이다.

소규모 혁신 프로젝트는 전략적으로 크고 중요한 목표를 달성하기 위한 하나의 단계라 할 수 있다. 따라서 구체적이고 계량 가능하며 완료 날짜가 분명한 목표를 세워야 한다. 예를 들면 "각 지사의 수익성을 증가시킨다 → 영업 목표를 이듬해로 이월하지 않고 4/4분기에 종료하도록 추진한다 → 밀워키 지사의 4/4분기 최종 영업이익을 20% 증가시킨다"는 식으로 '지사의 수익성 증대' 라는 큰 목표를 달성하기 위해 '밀워키 지사의 4/4분기 영업이익을 20% 증대시킨다' 는 소규모 혁신 프로젝트를 추진하는 것이다.

소규모 혁신 프로젝트는 일정 단계나 중간 지점이 아닌 궁극적인 목표에 기여하는 실질적인 성과물을 생산하는 것을 목표로 해야 한다. 그러려면 시작한 일이 일정한 결과를 낼 때까지 고집스럽게 매달려야 한다. 확실한 고집과 끈기가 있어야 실행을 방해하는 심리적, 조직적 장애물도 극복할 수 있다. 그것이 핵심이다.

소규모 혁신 프로젝트를 몇 차례 실행하다 보면 장애물을 극복하고 제한된 시간과 예산, 스펙 내에 계획한 목표를 달성하는 습관이 몸에 붙게된다. 하지만 어떤 일을 단순히 빨리 처리하는 것과 혁신적으로 실행하는 것이 분명히 다르다는 점도 알아야 한다. 일을 빨리 하는 것이 잘못되었다는 말은 아니다. 하지만 단순히 어떤 일을 빨리 하기만 해서는 자신의 역량을 제한하는 습관에서 벗어나지 못하고, 실행 역량을 쌓을 경험도 하

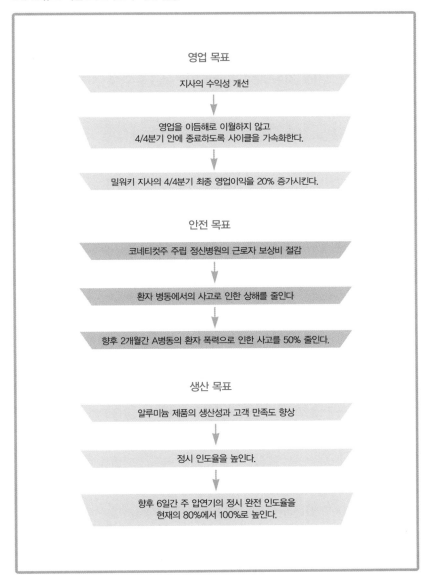

영업 목표

지사의 수익성 개선

↓

영업을 이듬해로 이월하지 않고
4/4분기 안에 종료하도록 사이클을 가속화한다.

↓

밀워키 지사의 4/4분기 최종 영업이익을 20% 증가시킨다.

안전 목표

코네티컷주 주립 정신병원의 근로자 보상비 절감

↓

환자 병동에서의 사고로 인한 상해를 줄인다

↓

향후 2개월간 A병동의 환자 폭력으로 인한 사고를 50% 줄인다.

생산 목표

알루미늄 제품의 생산성과 고객 만족도 향상

↓

정시 인도율을 높인다.

↓

향후 6일간 주 압연기의 정시 완전 인도율을
현재의 80%에서 100%로 높인다.

지 못하며, 새로운 가능성도 열지 못한다는 점을 명심해야 한다.

역량 강화를 위한 실행 혁신은 다음과 같은 조직 개선으로 이어진다.

» 가능성에 그치는 것이 아니라 구체적인 성과를 얻게 된다.
» 단순히 일을 많이 하는 것이 아니라 일의 방향이나 방식이 근본적으로 바뀐다.
» 참여한 모든 사람들이 실행의 혁신을 경험하고 배우게 된다.
» 일회성으로 그치지 않고 보다 큰 변화의 길이 열린다.
» 중요한 목표 달성에 기여하는 실제적인 성과를 낸다.

다음은 현실에서 혁신 프로젝트를 실천하는 방법을 보여주는 사례다.

●● 프레드는 자신의 플라스틱 수지원료 사업을 좀 더 확장시키고 싶었으나 사업 확장과 신제품 개발을 위한 자본을 구하지 못했다. 방법은 기존 설비의 생산성을 대폭 높이는 수밖에 없었다. 우선 압출기 한 세트에서부터 생산성 향상 프로젝트를 시작했다. 해당 압출기의 관리자와 팀원들에게 고품질을 유지하면서 1일 생산량을 높일 것을 요구했다. 업무를 전달받은 직원들은 머리를 맞대고 구체적인 단계별 계획을 수립했다. 이후 약 6주 만에 이 압출기 세트의 생산량이 25%나 증가했다.

이 프로젝트의 목표는 압출기에 단순히 더 많은 원료를 집어넣는다고 해서 이룰 수 있는 일이 아니었다. 목표를 달성하기 위해서는 조업 사이의 교대시간과 청소시간을 줄여야 했다. 다시 이를 위해서는 교대 방식을 바꾸고 청소 도구를 준비해 두어야 했다. 창고에서는 1일 소비되는 원자재량을 늘려야 했기 때문에 공급업체에 대한 주문 사이클을 높여야 했고, 압출기 근처의 원자재 보관 공간도 넓혀야 했다. 스펙에 맞는 고품질 제품을 더 빨리 생산하기 위해서는 시험 결과도 더 빨리 나와야 했다. 불량 제품이 들어가지 않도록 현장 감시도 개선해야 했다. 매일 아침 제품을 운송하기 위해 대기 중인 트럭의 수도 늘려야 했다. 설비 고장을 미연에 방지하기 위해 유지보수 점검과 윤활 작업 횟수도 높였다. 그런 다음, 비용 절감의 효과를 보기 위해 생산성이 낮은 시설을 폐쇄하고 일부 근로자들을 해고해야 했다.

생산부 관리팀에게는 이 모든 일을 한 달여 만에 처리하는 것이 완전히 새로운 경험이었다. 그들은 자체 사원들뿐 아니라 물류창고, 선적실, 구매부, 유지관리부, 인사부와 함께 이전까지와는 사뭇 다른 방식으로 직접 협의를 해야 했다. 이러한 변화를 기획하고 실행하는 일은 자재가 부족하거나 시험 결과가 늦게 나와서 항의하던 기존의 업무 형태와는 판이하게 달랐다. 상당히 많은 업무를 공동으로 기획해야 했다. 시행착오를 거치며 새 아이디어를 실험해 보느라 거의 매일 회의가 열렸다. 다들 업무의 시급성을 절실히 느꼈다. 이 모든 일을 불과 몇 주 만에 해내려면 과거와는 전혀 다른 속도가 필요했다. 오랜 관행과 심리적인 장벽이 상당 부분 사라졌다.

프로젝트를 완료하고 전체 시스템이 실제로 작동하는 것을 목격했을 때는 다들 놀라움을 감추지 못했다. 신규 투자 없이 기존의 설비와 사람들로 더 많은 생산이 가능했던 것이다. 관리팀과 제조팀이 얼마나 흥분했는지는 두말할 필요도 없다.

21세기의 기업들은 이 사례와 같은 생산적인 변화를 일상적으로 구현

해야만 한다. 그러기 위해서는 신속한 실행이 조직의 핵심 역량으로 자리 잡아야 한다. 실행 원칙을 성공적으로 그리고 반복적으로 실천하며 자신감과 역량을 쌓아 가면 누구든, 어느 기업이든 그렇게 해낼 수 있다. 혁신 프로젝트는 바로 그러한 변화를 위한 실천 도구다.

혁신 프로젝트는 전략적으로 중요한 목표를 정의하는 일에서 시작한다. 그런 다음 구성원들이 논의를 통해 공통의 이슈를 찾고, 겉으로 드러나지 않은 생각들을 확인해보고, 아이디어를 시험하고, 대안을 고민하고, 최선의 방법을 찾는 과정을 거치며 추진하게 된다. 이때, 리더는 혁신 목표를 설정하고 결과가 나올 때까지 이 과정을 끈질기게 밀어붙여야 한다.

처음부터 거대한 목표를 실행하는 일은 자칫 부담스럽게 느껴질 수 있다. 하지만 작은 성과를 차근차근 쌓아 가면 신도 나고 해볼 만하다는 생각이 들 것이다. 그 일이 현 상황을 타개할 돌파구가 될 일인지 아닌지는 쉽게 감지할 수 있을 것이다. 사람들 사이에 들뜬 분위기가 생겨나기 때문이다.

최종 목표를 규정하고 탈출구를 차단하라

경영자가 직면하는 가장 어려운 문제 중 하나는 최종 목표, 중간 목표, 중간 변수, 상시 활동을 구분하는 것이다. 하지만 이 구분은 중요하다. 특히 최종 목표를 분명히 규정하지 않으면 자칫 일이 중구난방으로 진행되고, 목표가 혼선을 빚으며, 조율이 어려워지는 등 걷잡을 수 없는 실행 오류에 빠질 수 있다. 난관에 부딪혔을 때 책임을 회피하고 도망갈 수 있는 탈출구가 곳곳에 생기는 것도 당연하다. 프로젝트를 성공적으로 이끌기 위해서는 당연히 이 같은 문제를 바로 잡고 가는 것이 중요하다.

최종 목표는 고객과 최종 사용자, 주주나 기타 구성원들에게 가시적이고 실질적인 혜택을 주는 측정 가능한 것이어야 한다. 즉 품질을 개선하거나, 비용을 낮추거나, 정시 인도율을 100%에 가깝게 높이거나, 이윤을 높이거나, 응답시간을 줄이거나, 사고율을 낮추거나, 더 많은 신제품을 출시하는 것 등이 여기에 해당한다. 이는 조직 구조 변경, 인사이동, 신규 직원 채용, 시스템 도입, 제품 시험, 예산 증액 등의 목표와는 다르다. 후자는 준비나 지원 단계의 목표로 삼을 수 있는 것들로, 그 자체로 실질적인 개선을 이루기는 어려운 것들이다.

탈출구 1 잘못된 중간 목표

중간 목표는 프로젝트에 반드시 필요하다. 하지만 그 중에는 그럴 듯하게 들릴 뿐 누구에게도 도움이 되지 않고 에너지만 소진시키는 것들이 있다. 당신은 아마도 다음과 같은 말들을 익히 들어봤을 것이다. "먼저 돈이 어디서 새는지를 알아야 비용을 줄일 수 있지 않겠나?" "비교 기준과 지연 사유에 대한 분석이 없는데 어떻게 생산량을 높이겠나?" "시장에 대한 벤치마크 데이터가 없는데 우리의 경쟁 위치를 어떻게 알 수 있겠나?" "1인당 생산량에 대한 데이터가 없는데 어떻게 생산성을 높일 수 있겠나?" "제품 각 부문의 내구성 시험 결과가 나와야 결함을 줄일 수 있지 않겠나?" "고객의 욕구와 필요를 조사하지 않고 어떻게 제품을 개선할 수 있겠나?"

정말 그럴 듯한 얘기들이다. 위 질문들에 대한 답은 대부분 '할 수 없다'가 맞다. 그리고 모두가 최종 성과를 얻기 위한 필수 단계가 될 수 있다. 일을 하려면 당연히 준비 작업이 필요하다. 그러나 이 같은 준비 프로젝트들은 기존 자원을 제대로 활용하지 못하거나 눈앞의 기회를 이용하지 못해서 실행이 실패로 끝났을 때, 근본 원인을 가리는 연막으로 사용되기도 한다.

사람들은 목표 달성에 대한 불안감, 계속 몰아붙이는 상사, 까다로운 고객, 굶주린 주주들, 기타 여러 이해관계자들을 상대해야 하는 두려움이 너무 커서 그것을 지연시킬 방법을 찾는다. 그래서 논리적으로 보이고, 듣기 좋고, 느낌도 좋고, 하기도 쉽고, 도움도 될 것 같은 활동을 선호한다. 컨설턴트를 고용하고, 값비싼 시스템을 구입하고, 대규모 교육 행사나 워크숍을 개최하는 일 등은 흔히 고전적이고 값비싼 회피 전술에 속한다.

모든 관리팀이 반드시 비용을 줄여야 한다고 입을 모아 말하는 문제 항목 두세 가지 있는데 군이 비용 데이터를 수집할 필요가 있겠는가? 컴퓨터에서 매달 쏟아져 나오는 보고서 더미 어딘가에 필요한 정보가 묻혀 있는데 추가로 분석보고서를 작성할 필요가 있겠는가? 매출의 20% 이상을 차지하는 상위 고객사 3곳에서 몇 주 동안 계속 납품 지연이나 제품에 결함이 있다는 문제를 제기하는데 시장 조사를 또 할 필요가 있겠는가?

탈출구 2 문제 제기
문제 제기 역시 연막으로 사용될 수 있다. 사람들은 이렇게 말한다. "신청양식이 완벽하지 않은데 어떻게 신규 보험 고객들을 더 빨리 등록시키겠는가? 신청양식 문제를 먼저 해결해야 한다."공급업체가 불량 원자재를 납품하는데 어떻게 완제품의 불량률을 줄이겠는가? 더 나은 공급업체를 먼저 찾아야 한다.""유능한 관리책임자가 없는데 어떻게 직원들의 실적을 높이겠는가? 관리책임자 문제를 먼저 해결해야 한다.""사람들에게 책임을 묻지 않는데 어떻게 상황이 개선되겠는가? 먼저 사람들에게 책임감을 심어줘야 한다." 문제 제기는 이렇게 끝도 없이 이어진다.

제기된 문제를 해결하는 일은 목표 달성 계획에 포함된 경우를 제외하고는 최종 성과와 무관하다. 또 문제를 모두 해결한다고 해서 성과가 도출된다는 보장도 없다. 보험 신청양식을 완비해도 등록 데스크에 담당 인원이 부족하다면 상황이 달라지지 않을 것이다. 공급업체를 바꾸더라도 자재 보관통이 오염되어 있다면 계속 문제가 생길 것이다. 관리책임자의 수를 늘리더라도 그들이 계속 회의에 참가하느라 감독할 시간이 없다면 별 도움이 안될 것이다.

탈출구 3 **남 탓하기**

세 번째 탈출구는 다른 사람이나 부서에 책임을 떠넘기는 것이다. "다른 그룹에서 프로젝트나 회의에 직원들을 계속 불러가기 때문에 공장을 제대로 관리하기가 어렵습니다.""몇 년 동안 물류팀과 제조팀이 함께 전체 납품 시스템의 비용을 조사해야 한다고 주장해왔죠. 근데 물류부는 계속 우리 생산 방식에 문제가 있다는 겁니다."

목표를 명확히 하지 않고 최종 성과물을 도출하기 위한 작업을 치밀하게 계획하지 않으면 회피와 비방, 불성실의 문제가 끊임없이 이어질 것이다. 실행의 성공을 가로막는 다른 장애물들과 마찬가지로 최종 목표를 분명히 하면 이러한 문제들도 상당히 줄어든다.

성공적인 혁신 프로젝트를 설계하라

혁신 프로젝트에는 다섯 가지 특징이 있다.

>> 구체적이고 측정 가능한 목표가 있다. 예를 들어, 환자의 안전이 이슈라면 "A병동에서 앞으로 2달간 환자의 폭력으로 인한 상해를 50% 줄인다"를 혁신 목표로 세울 수 있다. 사고를 줄일 가능성이 있는 조사나 정책, 절차도 아니고 새로운 조직 구조나 교육 프로그램도 아니다. 혁신 목표는 과거와 비교했을 때 실제로 상해율을 줄이는 것이다.

>> 이미 가지고 있거나 쉽게 구할 수 있는 자원으로 달성할 수 있다. 큰 투자나 인력 충원, 새 리더, 대대적인 재정비, 새 정책 등 복잡하고 시간이 많이 소요되는 준비활동 없이 기존 직원들만으로 목표를 달성할 수 있다.

>> 최종 성과물을 얻을 수 있다. 목표가 달성되면 비용 대비 생산량이 올라가고, 영업이익이 증가한다. 병동 간호사들과 회의를 하거나, 압출기의 부품을 교체하거나, 신규 고객들에게 전화를 자주 하는 일과는 다르다.

» 학습이 필요하며 또 전체 과정에 학습 활동이 포함된다. 혁신 프로
젝트는 하나의 학습이다. 이를 통해 과거에 보지 못했던 아이디어와
강한 참여의지가 분출되고, 잠재력을 제한하는 일상의 나른함이 사
라진다. 하지만 이 학습에는 분명한 포커스가 있어야 한다. 단순히
조사하고, 준비하고, 데이터를 수집하고, 벤치마크 사이트를 방문하
는 것에 그친다면 실행을 배우지 못할 것이다.

» 더욱 발전할 수 있는 길을 연다. 한 세트의 압출기에서 배운 방법을
다른 압출기에 적용할 수 있다. 한 병동에서 성공하면 다른 병동, 다
른 병원에서도 성공할 수 있다. 한 곳에서 얻은 성과를 다른 곳에 적
용할 수 없다면 프로젝트가 혁신적인 돌파구 역할을 하기보다는 낮
은 가지에 달린 열매처럼 그냥 쉽게 획득할 수 있는 일이었을 가능성
이 크다.

목표를 제시하는 선언문은 구체적인 최종 목표와 성공을 측정하는 방
법, 종료 날짜를 단 몇 구절로 짧게 설명할 수 있어야 한다. 예를 들면 다
음과 같다.

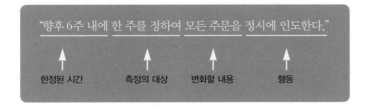

작은 성공들로 실행 문화를 구축하라

한 번의 큰 성공이나 대대적인 개혁이 아니라 일련의 작은 발전들이 모여서 조직의 문화가 변화한다. 오늘날과 같은 경영 환경에서는 실적을 높이고, 프로세스를 개선하고, 사람들을 보다 효율적으로 참여시키는 프로젝트를 지속해야 조직의 문화가 바뀔 수 있다. 30일, 60일, 100일간 진행되는 단기 프로젝트들이 모여 새로운 문화를 만들기 시작하는 것이다. 따라서 단기 혁신 프로젝트는 당신이 추구하는 궁극적인 목표와 문화를 달성하는 기반이 될 수 있어야 한다. 아래에 한 예가 있다.

•• 어느 복합 제조유통업체가 전세계적인 경쟁 환경에 발맞춰 나가기 위해 제품 개발 사이클을 가속화해야 했다. 이 회사는 우선 제품 하나에 대해 혁신 프로젝트를 시작했다. 특별 예산을 할당받은 프로젝트팀은 평상시 같으면 3~4년 걸렸을 일을 불과 1년만에 해냈다. 평소보다 더 많은 예산을 쓰지도 않았다.

그런 다음, 제품을 보다 빨리 출시하기 위해서 한 부서가 일상 업무의 일환으로 3개 제품의 사이클을 가속화하는 일을 맡았다. 별도의 프로젝트팀이나 특별 예산을 배정하지는 않았다. 이 부서는 포커스를 더욱 좁혀서 제품 사이클 중 한 단계, 즉 연구에서 개발로 넘어가는 단계를 가속화하는데 초점을 맞췄다.

결과적으로 이 실험은 상당히 생산적이었다. 공정 단계의 시간이 줄어들었을 뿐 아니라 새로운 방식으로 제품 개발 업무를 관리하는 새 문화가 도입되었기 때문이다. 이 문화는 표준적인 운영 모델로 자리 잡혀 다른 부서에서도 제품 프로젝트를 가속화하는 기반으로 사용되었다. 새 문화에서는 순차적이 아닌 수평한 개발 단계를 활용하고, 신제품을 개발할 때 매번 새 기술을 개발하지 않고 기존 기술을 재활용하며, 후방 직원들이 처음부터 직접 참여하고, 프로젝트를 처음부터 끝까지 책임지고 이끄는 총책임자를 두어 개발을 가속화했다. 그 결과, 여러 기능 단위가 최종 제품에 보다 긴밀하게 관여하면서 부서간의 협력이 증대되었다.

위의 예에서는 준비 작업에서 최종 성과물로 포커스를 옮긴 것이 궁극적으로 문화를 바꾼 원동력이었다. 원자재 확보, 현장 시험, 인력 확보, 공장 정비 등의 준비 단계에 집중하는 대신, 정해진 기한 내에 품질과 실적, 예산을 준수하며 신제품을 생산해 시장에 출시하는데 초점을 맞췄고 결국 성공했다.

모든 요소들을 조율하여 최종 목표를 달성하는 일은 실행의 근본 기둥이라고 할 수 있다. 이때 단기간 진행되는 소규모 혁신 프로젝트는 복잡하고 큰 목표를 달성하는데 필요한 요소들을 개발하고 학습하는 장치가 된다. 혁신 프로젝트의 작은 성공 하나하나는 최종 성과라는 건물을 완성하는 벽돌과 같다. 프로젝트에 내포되어 있는 시급성은 혁신을 자극하고 에너지와 열정을 끌어낸다. 과다하게 분석하고, 조사하고, 준비하는데 허비할 시간이 없다. 그래서 혁신 프로젝트는 빠르고 효율적인 실행, 높은 실적 문화를 촉발하는 점화 플러그와 같다.

혁신 프로젝트는 기획의 어느 단계에서나 도입할 수 있다. 전략을 고안하고 시험하는 과정에서 숨겨져 있던 돌파구를 찾아낼 수도 있다. 시작회의의 한 부분으로 혁신 프로젝트를 넣을 수도 있고 세부적인 프로젝트 기획의 한 부분으로 넣을 수도 있다.

혁신 프로젝트가 문화에 영향을 끼치는 이유는 자명하다.

» 성공을 위한 준비과정이 아니라 실제 성공이기 때문이다.
» 신속한 피드백으로 아이디어를 보강하기 때문이다.
» 냉소적인 사람들에게 가시적인 성과를 보여주기 때문이다.
» 참여자들이 심리적, 조직적 장애물을 극복하는 법을 배우기 때문이다.
» 성공은 자신감을 유발하고, 자신감이 있는 사람들은 더 큰 목표를 달성할 수 있기 때문이다.

작은 성공을 모아
큰 성공을 완성하라

혁신 프로젝트의 성공은 실행 역량을 구축하고 목표를 달성하는 소중한 경험이 된다. 이제 다음으로 할 일은 이 경험과 역량을 조직 전반으로 확대하고, 좀 더 원대한 목표를 달성하는 것이다. 그럼 지금부터 이 과정이 어떻게 진행되는지 살펴보자. 이 과정 역시 지금 당면한 상황에서부터 출발해야 한다.

잠시 생각해보자. 가장 중요하고 시급한 최종 목표는 무엇인가? 비용 절감인가? 품질 개선인가? 아니면 이익 향상인가?

또 하나, 가장 중요하고 시급한 문제를 해결하기 위해 요구되는 문화적인 변화는 무엇인가? 예를 들면, 하위그룹의 목표보다 전체 목표에 집중하고, 부서 간에는 경쟁보다 협력을 추구하며, 직원 개개인의 책임감을 높이고, 일정을 준수하고, 고객과의 관계를 돈독히 하고, 절차를 간소화하고, 내부 의사소통을 증진하는 일 등이 이에 해당할 수 있을 것이다.

'최종 성과'와 '조직문화의 변화'를 둘 다 고려하는 것이 중요하다. 때때로 경영자들은 문화를 바꾸면 성과가 따라올 거라고 착각한다. 그러나 이는 옳지 않은 생각이다. 행동과 업무 방식의 변화를 생각하기 전에 최종 성과물부터 분명히 해야 한다. 먼저 하나의 목표와 그룹을 선택해서 시작하자. 다음 사례는 어느 경영진의 오후를 묘사한 것이다.

•• 모 전력회사의 화력생산부 책임자인 앨런이 실행에 관한 조찬 세미나에 참석했다. 그는 세미나에서 들은 얘기 중 '요구를 잘 해야 한다'는 말에 깊이 공감했다. 그날 오후 그는 유지보수팀의 팀장을 불러 정해진 일정과 예산에 따라 유지보수 업무를 시행하라고 요구했다. 예측 가능한 유지보수 건에 대해서는 더 이상 초과 비용이나 일정 지연을 허용하지 않기로 합의했다. 2달이 지난 뒤, 정말 제한된 일정과 예산 내에서 프로젝트가 완료되었다. 몇 년 만에 처음 있는 일이었다. 앨런은 당시 상황에 대해 이렇게 말했다. "내가 유일하게 바꾼 건 분명하게 요구한 것뿐이다. 반드시 일정과 예산에 맞춰야 한다고 고집했다. 그러나 그 전에는 그렇게 분명하게 요구하지 않았었다."

핵심은 실행력을 높이기 위해 크고 복잡한 프로젝트를 찾을 필요가 없다는 점이다. 간단한 일을 하나 선택한 뒤, '이 일을 성공시키고, 경험을 쌓는다.'는 두 가지 목적을 품고 목표를 달성하자. 그렇게 작은 성공을 하나씩 쌓아가며 점점 더 광범위하고 큰 목표로 옮겨가면 된다. 처음부터 욕심 부리지 말고 몇 개의 제한적인 영역에서 실행 원칙들을 실천하며 실행력을 늘려나가자. 그렇게 쌓은 기초가 실행력의 튼튼한 밑거름이 될 것이다.

숨겨진 잠재력을 이용하라

실행 원칙들을 실천하며 작은 성공을 쌓았다면, 이제 좀 더 큰 목표로 이동하기 위해 회의를 소집하자. 이 때, 회의의 초점은 달성하고자 하는 목표에 두어야 한다. 먼저, 숨겨진 잠재력을 발휘함으로써 얻을 수 있는 성과 개선 정도를 구체적인 수치로 추정해보는 일부터 시작하자. 그런 다음 단계적으로 성과를 쌓아갈 수 있는 구체적인 단기 목표들을 정하고, 각 목표를 책임지고 달성할 리더를 정하고, 과제를 명확히 규정하자. 그런 다음 첫 번째 진척상황 점검회의를 잡고, 필요한 경우 언제든 도움을 제공하기로 합의하면 된다. 복잡할 것이 전혀 없다.

●● 짐은 그가 근무하는 회사에서 인수한 기업의 관리팀과 함께 회의를 했다. 짐이 맡은 과제는 수익과 성장률을 대폭 개선하는 것이었다. 사장은 연간 수익률을 25% 높이는 게 어떻겠느냐고 물었다. 하지만 짐은 이것이 질문이 아니라 지시임을 알고 있었다. 그리고 이 일의 성패에 따라 자신의 역량이 평가될 것이었다. 짐과 그의 팀은 이 책임을 함께 져야 했다.

처리해야 할 문제가 많았다. 이전 회사의 임원들은 대부분 해고되거나 퇴직했다. 이 일을 새로 맡은 짐과 그의 팀원들은 이 사업부문의 관리를 개선하고 유능한 직원들을 찾아낼 방법을 찾아야 했다. 25%의 성장률을 달성하려면 소비자시장에 직접 뛰어들어야 했다. 하지만 소비자시장은 기업시장과 달라서 디지털 신기술을 제품에 적용해야 하는 어려움이 있었다. 원가는 하락하고 있었지만, 간접경비가 지나치게 높았기 때문에 비용도 감축해야 했다. 납품도 문제였다. 주요 고객들과의 첫 회의를 실시했을 때, 참석자들은 이구동성으로 약속한 날짜에 정확하게 납품해 줘야 한다고 요구했다.

여러 시간 동안 모든 문제들이 심각하게 논의되었다. 짐은 사람들에게 지금 곧바로 변화의 출발점에 서라고 요구했다. "조직을 움직이려면 여러분이 먼저 성공의 사례를 보여줘야 한다."는 말도 덧붙였다.

제품개발·마케팅·영업부를 총괄하고 있는 토니는 신제품 출시부터 시작하는 게 어떻겠냐고 제안했다. 그 일에 성공하면 조직에 활력이 생기고 수익도 증가할 터였고, 조직에 숨겨진 잠재력이 있음을 입증할 수도 있을 터였다. 회의에 참석한 팀원들이 이 내용에 합의했고, 그들 모두는 할당된 과제를 철저히 검토했다.

그런 다음, 짐은 제조부 책임자에게 납품을 개선할 프로젝트에 착수하라고 주문했다. 이 과제 역시 철저하게 검토되었다.

이 사례는 하루 동안 '신제품 출시'와 '납품 개선'이라는 두 개의 프로젝트를 정의하고 시작한 경우다. 몇 주 후, 두 프로젝트 모두 성공적으로 마무리되었다. 이후 일련의 다른 프로젝트들이 뒤따랐고, 1분기에 납품 실적과 생산성, 신제품 출시, 수익 등이 대폭 개선되었다.

이와 같은 혁신적인 행동을 조직 전반으로 확대할 수 있는 세 가지 지점이 있다. 바로 운영, 전략, 인프라다.

운영 혁신

운영 혁신이란 생산성, 품질, 영업, 납품, 고객만족, 채권추심 등 일상 업무의 주요 변수들을 개선하는 것을 말한다. 운영을 개선할 목표로 추진하는 프로젝트는 여러 가지 다양한 성과를 불러온다. 먼저, 적은 시간과 에너지로 더 많은 일을 더 해낼 수 있게 된다. 실수, 재작업, 반품, 불만처리 등에 시간과 에너지를 낭비함으로써 의욕이 저하되는 일을 줄여 업무효율성을 개선할 수 있다.

운영 혁신은 위기관리와 문제해결에 매진하던 분위기를 지속적이고 질서정연하게 목표를 추구하는 분위기로 바꿔 놓는다. 직원들의 사기와 고객만족도가 올라가는 것은 물론, 조직의 대외적인 신인도도 올라간다. 제품과 서비스를 제공하며 고객들과 직접 만나는 일선 직원들의 실행 역량을 구축하는 데에도 도움을 준다.

운영 혁신은 전 세계 일류 기업들이 앞 다퉈 개발하고 적용하고 있는 영역 중 하나다. 산업공학, 품질관리, 프로세스 재설계, 자동화, 디지털화, 식스 시그마 등 다양한 연구가 조직 운영을 개선할 목적으로 개발되었으며, 꾸준히 활용되고 있다. 운영을 개선하면 조직 내에서 뿐 아니라 공급사슬과 모든 유형의 가치사슬 전반에서 무한한 효과를 거둘 수 있으며, 언제든 실적을 개선하고 조직 내 실행 역량을 구축할 수 있다. 몇 가지 예를 들어보자.

•• 체이스 은행은 ATM의 성능을 개선하여 작동 중단과 유지보수 비용을 줄였다.

코네티컷 주의 정신병원들은 사고와 상해를 줄여 직원들의 보상비 청구율을 낮췄다.

몇몇 병원들은 엑스레이 촬영실의 대기시간, 간병상의 실수, 환자복과 의료장비 도난율을 줄였다.

몇몇 제약회사들은 신약 실험 사이클을 가속화하여 연구의 생산성을 높였다.

위 사례들 외에도 수많은 기업들이 운영 개선을 통해 상당한 효과를 얻었다. 이때 관리자들은 분명하고 확실하게 과제를 제시했고, 팀은 전략을 개발하고 시험했다. 시작회의를 실시하고 탄탄한 작업계획을 구축했으며, 목표를 성실히 추구하고 소통을 게을리 하지 않으며 성공적으로 일을 완료했다. 프로젝트에 참가한 사람들은 이미 가지고 있는 자원을 보다 잘 활용하는 현장 혁신을 이뤄냈다.

식스 시그마, 프로세스 재설계, 시스템 개발과 같은 보다 정교한 운영 개선 방법들은 큰 투자가 필요한데, 이 방법들 역시 직원들의 의지와 에너지가 주된 동력이 되어야만 큰 효과를 낼 수 있다. 만약 직원들의 의지에서 동력을 찾지 않고 컨설턴트 주도로 실시하게 되면 자칫 프로젝트가 덫이 되어버릴 수 있다. 컨설턴트는 '향후 일정한 성과물을 얻게 될 것'이라는 공약 하에 거액의 착수금을 가져갈 테고, 비용만 들이고 효과는 없는 채, 직원들의 성장을 방해하는 결과를 초래할 수 있기 때문이다. 외부의 힘을 빌려 상당한 준비를 해야 하는 운영개선 프로그램들에 주의를 기울여야 하는 이유가 바로 여기에 있다.

전략 혁신

전략 혁신을 통해 새로운 제품, 새로운 서비스, 새로운 사업 모델, 이전과 다른 경쟁력 있는 운영 환경을 만들어 낼 수 있다. 이미 전략 혁신에 관한 무수한 저서들이 나와 있으며, 이 저서들에는 우리가 상상할 수 있는 거의 모든 상황에 적용 가능한 전략들이 담겨 있다. 잘만 사용하면 모두 효과적이라는 점도 분명해 보인다.

문제는 이 전략들을 어떻게 성공적으로 구현하느냐다. 그런데 이 문제는 결코 간단치 않다. 〈월스트리트저널〉〈파이낸셜타임즈〉〈뉴욕타임스〉〈비즈니스위크〉 등의 언론 지면은 물론 여러 기업 연보 등에도 전략 실패에 대한 이야기가 가득하다. 기업들은 전략적 변화를 성공적으로 구현하기 위한 역량을 구축해야 한다. 이는 단순히 계획을 수립하고 시도하는 것에 그치는 것이 아니라 성공적으로 변화를 실행하는 능력을 말한다.

지속적으로 좋은 성과를 내는 우수한 기업들을 살펴보자. 제너럴일렉트릭, IBM, 존슨앤존슨, 3M 등의 눈부신 발전은 결코 하루아침에 이뤄진 것이 아니다. 이 기업들은 새로운 아이디어와 새로운 사람, 새로운 방식을 끊임없이 시험해왔다. 다시 말해, 전략적 혁신을 일상적으로 진행함으로써 새로운 방향을 찾고, 역량과 모멘텀을 구축하여 궁극적인 변화를 유도한 것이다. 아래에 이에 관한 몇 가지 사례가 있다.

•• GE캐피털은 회사가 나아가야 할 전략적 방향으로 '기업인수'를 택했다. 다른 무엇보다 성공률이 높다는 것이 그 이유였다. 기업인수는 일종의 전략적 변화라고 할 수 있다. 기존 운영방식과는 크게 다른 방식으로 서로 다른 두 문화를 통합하여 새로운 사업부문을 형성하는 것이기 때문이다. GE캐피털은 당면한 몇몇 인수 계약을 반복적으로 실험한 뒤, 방법을 정교하게 가다듬어서 고도로 체계화된 원칙을 개발했다. 그리고 그 원칙을 적용하여 기업인수분야에서 상당히 높은 성공률을 기록했다.

애버리데니슨은 인쇄 및 접착제 관련 제품에 관한 전 세계 영업망에 대해 고속 성장 프로젝트를 가동했다. 그들은 먼저, 이전 보다 높은 실적을 거두기 위해서 일련의 단기적인 혁신 프로젝트를 시작하고 '1단계 성장'이라고 이름 붙였다. 2단계와 3단계 성장의 목표는 보다 장기적인 연구와 개발에 돌입하는 것이었다. 이들은 먼저 하나의 사업단위, 5개의 팀으로 프로젝트를 시작했다. 이후, 여기서 거둔 성공을 부서별로 확장해 나갔고 종국에는 회사 전체로 확대하였다. 고객을 상대하는 일선 부서원들은 1년 6개월 만에 200개 이상의 소규모 혁신 프로젝트를 고안하고 실행했다. 결국, 어려운 시장 상황에도 불구하고 1억 5천만 불의 추가 수익을 거둠과 동시에 전략적 실행 역량을 구축해냈다.

플라스틱스컴퍼니의 관리자들은 일련의 운영 혁신 프로젝트를 실시한 다음, 여러 차례의 회의를 통해 대규모의 신형 어플리케이션과, 그 어플리케이션에 플라스틱 소재를 맞추기 위한 새로운 소재를 설계했다. 이것은 회사의 지속적인 성장을 위한 출발점이 되었고, 단계적으로 전략적 혁신 프로젝트를 사용하여 기업 및 소비자 고객의 요구에 맞는 새로운 소재를 만들 수 있었다. 그 결과, 3년 만에 사업을 3배 정도 성장시켰다.

전략적 실행 역량은 게리 하멜과 리사 발리칸가스가 쓴 〈탄력성의 추구 quest for resilience〉라는 논문에서도 핵심 개념으로 사용된다. 이 두 저자는 갈수록 경쟁이 치열해지는 기업환경에서는 지속적인 전략적 변화를 위한 조직 역량이 필요하다고 강조했다.

인프라 혁신

"기업을 성장시키는 최선의 방법은 무엇인가?"라는 질문에 상당수의 경영자들이 '인프라 혁신'이라고 대답한다. 그러면서 "정보시스템을 새로 설치해야 한다." "직원 교육을 강화하고 고용 기준을 높여야 한다." "기능 단위의 사업구조를 사업전략 단위로 바꾸어 조직 구조를 완전히 재정비해야 한다." "미개척 시장에 진입할 전략 계획을 마련해야 한다." "프로세스를 완전히 재조정해야 한다." 등의 대답을 하는데, 이런 대답들은 한마디로 꿈같은 이야기다.

사업 수익을 높이고 싶다면 더 많은 고객에게 더 많은 이윤을 남기며 더 많은 제품을 팔아야 한다. 고객 이탈률을 줄이고 싶다면 콜센터 서비스를 개선하고 더 좋은 제품을 더 싼값에 팔아야 한다. 경쟁우위를 획득하고 싶다면 제품과 서비스의 질을 높여 고객들에게 더 큰 가치를 제공해야 한다. 한 마디로 최종 목표에 초점을 맞추어야 기업을 성장시킬 수 있다는 말이다. 그러나 아직도 수많은 경영자들이 최종 목표가 아닌 인프라에 초점을 맞추는 실수를 범하고 있다.

하지만 최종 목표를 추구하는 과정에서 경영개선과 전략적 변화를 위해 인프라를 바꾼다면, 그때의 인프라 혁신은 조직에 큰 영향을 줄 수 있다. 인프라 혁신은 궁극적인 변화를 자극하고 지원할 수는 있으나 그것을 대신하지는 못한다는 점을 명심해야 한다.

'실행 12단계'는 인프라 혁신 프로젝트를 추진할 때에도 적용할 수 있다. 제한된 일정과 예산 내에서 정보시스템을 구축하고, 그 시스템을 활용하여 새로운 고객 서비스를 개발하거나 프로세스를 간소화하여 비용을 절감하는 것만큼 기분 좋은 일도 없을 것이다. 인프라 혁신은 낡은 인사 시스템과 관행을 현대화하고, 공급망을 간소화하며, 고객 서비스를 개선하는 데에도 적용된다.

•• PNC 파이낸셜은 전사 차원의 소매 영업 시스템을 도입하기로 했다. 이 회사의 IT 직원들은 이 거대한 프로젝트를 여러 개의 구체적인 소규모 프로젝트로 쪼개어 실행함으로써 비용을 대폭 줄이고 설치 속도를 크게 향상시켰다. 각 설치팀은 명확한 목표와 전략, 작업계획, 후속점검 프로세스를 구축하여 제한된 일정과 예산 내에서 임무를 마쳤다. 이와 동시에 가맹 은행들에게는 시스템 설치에 맞춰 영업 및 생산성 개선 프로젝트를 수행하도록 요구했다. 그러한 프로젝트는 새로 설치한 정보시스템에 참여할 수 있는 티켓과도 같았다. 회장은 지점의 영업과 생산성을 높이라는 지시를 내렸다. 시스템 및 운영부장이 IT 직원들에게 그 업무를 맡겼다. 시스템 개발팀은 실행 프로세스에 따라 일을 추진했다. 추진 결과, 설치비가 26% 줄었고, 전체적인 설치 사이클이 절반으로 감소했으며, 지점의 영업 실적과 생산성이 증가했다. 그 후 이 방법은 다른 시스템에도 적용되었고, 이후 표준 모델로 자리 잡았다.

요구하고 지원하라

실행의 효과는 리더가 효과적인 방식으로 그것을 요구했을 때 나타난다. 물론 리더는 실행을 담당할 직원들의 역량 개발을 지원해야 한다. 제너럴

일렉트릭의 크론튼빌 경영개발센터장이었던 스티브 커Steve Kerr가 이렇게 말한 적이 있다. "직원들이 성공을 거둘 수 있도록 지원하지 않은 채, 실적만 높이라고 요구하는 것은 부도덕한 행위다." 바로 이것이 잭 웰치가 그토록 많은 시간과 에너지를 이 센터에 쏟았던 이유이며, 커와 다수의 전문가집단이 다양한 GE 전략 캠페인을 추진하기 위해 회사 구석구석을 돌아다니며 자극하고, 가르치고, 지원했던 이유이다.

●● 지크는 식용유, 치약, 세제 제조공장의 책임자였다. 본사에서는 지크에게 전체 운영을 개선하도록 요구했다. 공장은 아주 오래되었고 설비들도 모두 낡았다. 오랫동안 근속한 직원들조차 의욕을 잃은 상태였고, 실적도 형편없었다. 공장의 진입로는 금이 가고 침식되어 있었다. 지크는 도움을 청했다. 공장에는 새로운 관리자와 인력, 설비, 자본이 필요했다. 하지만 본사에서는 아무 것도 지원하지 않았다. 지크는 "이 모든 것이 필요한데 본사에서는 달랑 컨설턴트 한 명밖에 보내주지 않았다."며 열을 올렸다.

본사에서는 자원을 보내봐야 대충 낭비하고 말 것이라고 생각했다. 이 회사는 언제나 불을 끄기에 바빴다. 여기서 급한 불을 하나 끄고 나면 저기서 또 불이 났다. 일일 납품량을 채우고 급한 불을 끄는 데에만 온 기력을 쏟아 부었다.

컨설턴트는 지크에게 이 책에 설명된 모든 단계를 적용해 보도록 제안했다. 효과가 있었다. 상황을 전환시키는데 성공했고, 기존의 관리 방식을 크게 바꾸게 되었다. 그는 이제 문제를 해결하느라 정신없이 쫓아다니는 대신, 느리지만 분명하게 방향을 바꾸었다. 사람들에게는 한 번에

한 부문씩 책임을 지고 개선할 것을 요구했다.

컨설턴트가 이 과정을 주도할 수도 있었지만 궁극적으로 이 문제는 관리자의 책임이었다. 유지관리부에서는 집중 보수 캠페인을 실시함으로써 긴급작업 주문 건수를 줄였다. 포장부의 생산성도 서서히 올라갔다. 감독관과 근로자들이 책임지고 일을 처리하면서 새거나 바닥에 떨어져서 버리는 제품도 줄어들었다. 이 프로젝트들은 리더와 코어팀, 목표, 성과 측정법, 작업계획, 시작회의, 후속점검, 의사소통 프로세스를 갖추고 있었고 모두 성공적으로 마무리되었다.

공장의 실적이 개선되자 본사에서도 서서히 태도를 바꿨다. 지크는 세제 건조기 10대를 새로 도입하면 상황이 크게 개선될 거라고 판단했다. 하지만 본사에서는 이 건을 승인하지 않았다. 그는 입장을 바꿔서 1대만 요청했고 승인을 받았다. 이 건조기가 정말 효과적이라는 것을 본사에서 확인하자 나머지 9대에 대한 구입 승인도 내려졌다.

단계적으로 다른 투자도 지원되었다. 이 모든 일의 주요 원동력은 지크와 함께 적극적으로 프로젝트를 맡은 사람들이 주도한 '실행'이었다. 직원들에게 정확히 요구하고 지원을 제공한 그의 역량 덕분에 조직의 행동 패턴을 근본적으로 바꾸고 목표를 달성할 수 있었다. 다시 강조하지만, 기대치를 높이고 실행을 개선함으로써 똑같은 장비 똑같은 시설로 똑같이 과중한 업무를 처리하는 사람들의 성과를 높이고 숨어 있는 잠재력을 끌어낸 것이다.

이러한 원칙들은 조직의 규모와 상관없이 적용할 수 있다. 사장, 이사, 부장, 과장, 대리, 관리책임자 등 누구든지 이 원칙들을 자신의 그룹에 적용할 수 있다. 일의 규모와 범위만 다를 뿐이다. 하나의 작은 목표로 시작해서 회사 전체를 움직이는 일까지 발전시킬 수도 있다. 자, 지금 당장 시작하자. 중요한 것은 시작하는 것이다. 그런 다음 '실행 12단계'를 차근차근 적용해 나가자.

중요한 목표에
모든 역량을 집중하라

지금까지 실행의 각 단계와, 이를 확장해 기업의 발전을 가속화하는 방법에 대해 설명하였다. 하지만 그 이전에 중요한 전략 목표를 수립하는 과정은 어떠해야 할까? 이 장에서는 상급 관리자들이 뛰어난 실행과 높은 이익을 이끌어 내기 위한 전략 목표 수립 방법에 대해 설명한다.

성공의 열쇠는 바로 집중에 있다. 만약 당신이 상급 관리자라면 할 일이 무척 많을 것이다. 하지만 그 중에서도 반드시 해야 하는 일 하나를 선택하자. 정말 중요한 몇 가지 큰 목표에 조직의 포커스를 맞추고 구성원들이 거기에 집중해 행동하게 하자.

대부분의 조직들이 지나치게 많은 목표를 갖고 있다. 핵심 목표와 추진 과제, 우선 프로젝트와 수많은 주요 사업의 바다 속에 빠져 허우적댄다. 이런 번드르르한 주제들에 파묻혀 정말 중요한 일을 규정하고, 철저히 고민하고, 실행에 옮겨야 할 시간을 허비하는 것이다.

특히, 크고 복잡한 조직에서는 이 같은 방만한 활동들을 합리화하기가 쉽다. 상급 관리자들은 자신의 역할이 일반적인 방향을 제시하는 것이며, 그 안에서 목표를 정하는 것은 부하직원들의 몫이라고 생각하는 경향이 있다. 이 논리를 반박하기는 어렵다. 하지만 외부 환경이 급격히 변하고, 성과가 목표에 부응하지 못하고, 직원들이 약속한 바를 지키지 않고, 일이 지체되고, 수치가 자주 바뀌는 와중에 운 좋게 목표가 달성되기만을 바라고 있다면, 이제 다른 전략이 필요하다.

수많은 일들을 한꺼번에 붙잡는 이유는 변화하는 상황에 압박감을 느끼고, 어디로 가야할 지 갈피를 잡지 못한 채 주어진 목표 앞에서 방향 모를 탈출구를 찾기 때문이기도 하다. "우리가 해야 할 이 많은 일들을 보라."라는 말은 하기에도 좋고 때로는 듣기에도 좋다. 하지만 정말 중요한 것은 전혀 개선하지 않은 채 이것저것 방향 없이 늘어놓는 일에 불과할 수도 있음을 명심해야 한다.

성과를 높이고 실행을 개선하려면 가장 중요한 목표 몇 가지만을 선정해야 한다. 다시 말해, 위에서부터 아래로 행동을 밀어붙일 만큼 어렵고 중요하고 시급한 소수의 목표를 선택해야 한다. 이렇게 몇 가지 핵심 목표를 수립하면 조직의 에너지를 중요한 일에 집중할 수 있고, 성과가 적은 일들을 잘라낼 수 있다. 목표가 줄어들면 사람들이 숨을 곳도 없어진다. 모두 앞에 분명한 목표가 제시되어 있기 때문이다. 특정한 위기상황을 돌파할 때와 같이 가장 중요한 목표에 역량을 집중하면 실적이 크게 향상될 것이다.

독자들 중에 이런 말을 하는 사람이 있을 지도 모르겠다. "물론 일을 한

두 가지만 하면 당연히 실행을 잘 하겠지. 우리도 예전에 많이 해봤다고. 하지만 지금은 OOO 때문에 한꺼번에 많은 일을 할 수 밖에 없어.” “상사가 절대 용납하지 않을 거야. 모든 일을 한꺼번에 해야 한다고 생각하는 사람이니까.”

지금까지 나와 내 동료들은 여러 조직과 일하면서 소수의 최우선 목표만을 추진하기로 합의하고 그렇게 했다. 하지만 지금껏 단 한 번도 그 대가로 어떤 손해를 감수해야 하는 일은 없었다. 혁신 프로젝트와 그것을 추진하는 과정에서 분위기가 고조되자 조직 전체의 생산성도 자극을 받았다. 뿐만 아니라 핵심 목표를 달성해나가는 동시에 다른 일들을 모두 처리할 수 있었다. 어떤 경우에는 직원들이 전략에서 벗어난 일을 찾아내 중단시키기도 했다.

사업이 약화될지도 모른다는 우려는 대체로 핵심 목표 달성에 관한 불안감으로부터 비롯했다. 하지만 일단 성공을 맛보고 나면 불안감이 현저히 줄어든다. 전반적인 실행 분위기가 크게 상승하기 때문에 조직 전체가 훨씬 더 많은 일들을 해내게 되는 것도 물론이다. 이는 중요한 목표를 달성하는 과정에서 따라오는 보너스 효과라고도 할 수 있다.

집중하라

때로는 외부 상황에 의해 집중의 포인트를 결정하기도 한다. 위협적인 경쟁상황에 노출되거나, 주주들이 수익이나 성장률을 높이라고 요구하거나, 주요 고객사가 심각한 문제를 제기할 수 있다. 새로운 시장에 진입할 수 있는 일생일대의 기회, 주요 고객을 확보할 수 있는 기회, 새로운 기술이나 파트너를 얻을 수 있는 기회가 나타날 수도 있다. 이 같은 경우에는 핵심 목표가 매우 분명하게 보일 것이며, 이러한 목표들에 집중해서 실행 규칙을 개선할 수 있을 것이다. '실행 12단계'를 적용해서 이들 목표를 추구하면 보다 빨리 목표를 달성하고 실행의 기본 원칙과 습관을 강화할 수 있기 때문이다.

일이 방만하게 진행되고 있음에도 불구하고 명확한 요구를 제시하는 외부 요인이 없다면 경영팀과 함께 당신이 직접 목표를 정해야 한다. 핵심 관계자들을 한자리에 불러 현재 진행되고 있는 프로젝트들을 면밀히 검토하고, 범위를 좁혀가면서 '반드시 달성해야 하는 목표'를 정할 방안을 모색하자. 이때 소수의 최우선 목표를 정하는 몇 가지 기준을 제시해 주자. 예를 들면 다음과 같다.

> 생존 뒤쳐지지 않고 지속적으로 성공을 거두기 위해서 해야 할 일. 고객서비스, 영업, 생산성, 품질, 비용, 고객만족도, 수익성 등을 개선하기 위해 지금 당장 할 수 있는 여러 가지 일들을 찾아내고 목표로 정할 수 있다. 이 같은 일련의 일을 수행함으로써 발생하는 리스크는 낮은 반면, 수행하지 않음으로써 발생하는 리스크는 매우 크다. 이 주제들은 경영 혁신 프로젝트의 일환으로 추진할 수 있다.

> 경쟁우위 지금 당장 보다는 다가올 미래에 효과를 거둘 목적으로 해야 할 일. 제품서비스, 시장 개척, 납품, 기술, 프로세스 간소화 등이

이에 해당한다. 이 주제들은 당신의 회사를 경쟁사와 확실하게 차별화시키기 위한 목적으로 선택할 수 있다. 이 주제들은 경영 혁신과 전략적 혁신 프로젝트의 일환으로 추진할 수 있다.

» 도약 인수, 대규모 연구개발 프로젝트, 사업이나 조직의 성격을 완전히 바꾸는 일과 같이 리스크가 큰 모험. 이 수준의 활동은 회사, 때로는 업계 전체에 완전히 새로운 동인으로 작용할 수 있다. 이 주제는 전략적 혁신 프로젝트의 일환으로 추진할 수 있다.

현재 당신의 회사가 생사의 기로에 서있다면 리스크가 큰 '도약'을 시도하기는 어려울 것이다. 위의 세 요소는 아래 그림에서처럼 서열 구조를 형성하고 있으며, 이를 토대로 상황에 맞게 일의 순서를 정하는 것이 좋다.

스스로에게 물어보자. 우리는 지금 어디쯤 서있는가? 우리에게 중요한 것은 무엇인가? 이 서열 구조를 이용하면 상위 단계의 모험을 하느라 에

●● 목표의 서열 구조

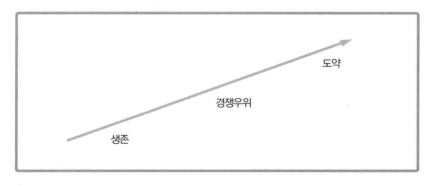

도약

경쟁우위

생존

너지를 낭비하거나 기본 사업에 심각한 해를 입히는 잘못을 범하지 않고, 중요한 목표에 전념할 수 있다. '도약'은 하위 단계에서 상당한 모멘텀을 구축했을 때에만 가능한 일이다.

이들 범주에 항목을 나열하고 난 뒤에는 성과 매트릭스를 이용해 '어렵고도 성과가 낮은 목표'와 '쉬우면서도 성과가 높은 목표'를 가려내야 한다. 여러 목표들을 분류해서 그림의 사분면에 배치하자. 그런 다음, 오른쪽 상단의 높은 성과/쉬운 목표에 적은 항목들을 주요 목표로 고려하면 된다.

이 도구는 전문적인 분석기술 없이도 쉽게 활용할 수 있으며, 대부분의 경우 프로젝트별로 요구되는 노력의 정도와 상대적인 성과를 추정할 수 있다. 이를 통해 정말 중요한 프로젝트가 무엇인지 찾아낼 수도 있다.

이때, 경영관리팀과 함께 이 작업을 하는 것이 중요하다. 함께 작업을 진행하다보면, 자신이 속한 그룹에 이익이 되는 목표를 고집하다가 갈등

●● 성과 매트릭스

224

이 유발될 수도 있다. 그것도 좋다. 논쟁하는 과정에서 어떤 목표를 선택하고 어떤 목표를 버려야 하는지에 대한 근거가 보다 분명해질 것이기 때문이다. 때에 따라서는 무기명 투표를 할 수도 있고 당신이 나서서 최종 목표를 정할 수도 있다. 하지만 어느 경우든 그룹의 에너지가 어디에 있고, 누가 이 일을 할 수 있는지를 확인할 수 있을 것이다. 그런 과정을 통해 가장 중요한 목표 몇 가지와 그것을 추진할 지지자들을 얻을 수 있다.

이 작업을 통해 목표를 3~6가지로 좁힐 수 있을 것이다. 몇 개가 가장 좋다는 법칙은 없다. 하지만 어디에 포커스를 두느냐는 중요한 문제다. 다음 사례를 보자.

•• 어느 특수품 제조업체의 총책임자인 제리는 성과를 높이고 사업의 전략적 방향을 바꾸는데 조직의 포커스를 맞췄다. 이 회사는 시급하게 처리해야 할 개선 프로젝트와 현대화 사업, 재교육 프로그램 등을 추진하고 있었으나 결과는 부실했고 심각한 손실이 계속되었다. 제리는 관리자들과 함께 여러 차례 실무회의를 했다. 먼저 그는 '손익분기점을 맞춘다.'는 하나의 목표를 제시했다. 직원들은 고개를 끄덕였으나 열의가 있어 보이지는 않았다. '새삼스런 이야기도 아니군.' 하고 생각하는 모습이었다. 그런 다음 제리는 참여자들에게 손익분기점을 맞출 기한을 정하라고 요구했다. 투표 결과, 6개월에서 3년까지 다양한 기간이 나왔고 쉽게 합의가 이루어지지 않았다. 현재, 수익성 개선이라는 목적 하에 수많은 프로젝트들이 진행되고 있지만 실질적으로 합의된 전략은 없다는 의미였다.

제리는 앞으로 9개월이 남은 연말까지 반드시 손익분기점을 맞추기로 하고 거기에 필요한 프로젝트들을 선정하기 위해 다시 이틀간의 외부회의를 열었다. 그는 참여자들에게 그가 말하는 손익분기점 달성은 '지금부터 연말까지'가 아니라 '한해 전체'를 의미한다고 말했다. 그리고 회의에 참석하기 전에 각자 제안 목록을 작성하고 이 목표를 달성하기 위해 각 부서에서 무엇을 바꿔야 하는지 논의해 오라고 주문했다.

이 목표를 들은 참여자들 사이에 반발이 터져 나왔다. 하지만 제리는 자신의 주장을 굽히지 않고 사람들에게 그 목표를 달성하는데 집중하도록 요구했다. 그리고 참여자들과 함께 후보 프로젝트들을 검토하여 수행 가능성이 가장 크고 손익분기점 달성에 가장 근접할 것 같은 프로젝트 3개를 선정했다.

첫 번째 프로젝트는 최일선 주문처리 비용을 줄이고 자동화된 정보시스템으로 주문처리 속도를 높이는 것이었다. 두 번째 프로젝트는 일본 시장에서 신제품의 판매량을 높이는 것이었다. 세 번째 프로젝트는 전 공장을 자동화하는 대신, 신제품 하나를 선정하여 자동화된 고속/저비용 생산라인에서 가동해 보는 것이었다. 그는 각 프로젝트를 3개월 이내에 실행하도록 요구했다. 그런 다음 총괄 책임자와 각 프로젝트를 주도할 사람들을 정했다. 소규모의 하위팀들에게는 1주일 내에 공식적인 과제와 스펙의 초안을 작성해 오라는 명령이 내려졌다.

제리는 또 조직 문화의 변화가 필요한 부분에 대한 자신과 참여자들의 생각을 다음과 같이 정리했다. "전략적 공급자에서 수익성 있는 공급자로 탈바꿈할 것이다. 기술에 집중하던 관행에서 벗어나 고객의 욕구를 충족시키는데 집중할 것이다. 연구와 실험에 만족하던 문화에서 반드시 목표를 달성하는 문화로 바꿀 것이다."

이처럼 3개의 결과 중심 프로젝트에 분명한 포커스를 맞추는 일은 기존 방식과 180도 다른 것이었다. '최우선 프로젝트'라고 불린 이 프로젝트들은 선정이 쉽지 않았다. 또 모두 상당한 노력이 요구되었다. 제리는 공식 과제를 점검하는 회의 일정을 잡고, 프로젝트 리더들에게 2주 안에 작업계획서를 준비하라고 지시했다. 그리고 2주 후에 프로젝트 리더 및 그들의 코어팀과 함께 각 프로젝트에 대한 작업계획서를 검토했다. 일부 계획서는 목표에 정확히 부합하고 성공이 확실해 보일 때까지 여러 차례 반려되어 수정을 거쳤다.

그런 다음, 부서별로 돌면서 관리팀이 현재 진행하고 있는 일을 설명하고 모든 부서가 최우선 프로젝트를 우선적으로 지원할 것을 요구했다. 그는 또 각 부서의 프로그램을 검토하여 과거의 사업방향을 고수하고 있는 비 전략적 사업들을 줄이기 시작했다. 그러면서 최소 2주에 한 번씩 최우선 프로젝트팀과 함께 진척상황 점검회의를 열어 그간 진행된 일을 검토하여 문제를 해결하고 구체적인 다음 단계를 수립했다.

세 달 후, 두 번째 외부회의에서 제리와 관리팀이 다시 모였다. 상당한 아니, 놀랄만한 정도의 발전이 있었다. 참여자들은 초기 프로젝트에 더해 3개의 추가 프로젝트를 선정했다. 그리고 첫 회의 때보다 훨씬 적극적으로 책임을 맡으려 했다. 성공을 직접 목격했기 때문이었다. 심지어 서로 최우선 프로젝트와 새 과제를 맡는 리더가 되겠다고 다투었다. 이 과정을 반복하면서 연말까지 손익분기점을 맞추겠다는 목표를 달성했고 해가 갈수록 수익을 높여 갔다. 그러는 와중에 최우선 프로젝트에 집중하는 일이 일상적인 관리 모델로 정착되었다.

핵심 목표를 수립하는 과정에는 특별한 지름길이 없다. 물론 벤치마킹할 대상을 조사하여 상대적인 위치를 확인할 수 있을 것이다. 컨설턴트에게 의뢰해 조사를 할 수도 있고 중요한 목표가 떠오를 때마다 지시를 내릴 수도 있다. 하지만 이 전술들은 효과가 적다. 위의 사례에서 보는 것처럼 직원들과 함께 치열하게 고민하며 핵심 목표를 정하고 실행 의지를 다지는 것만큼 좋은 방법은 없다.

자. 이제 경영관리팀과 함께 실시한 작업의 결과를 문서로 남길 수 있게 주요 목표들을 기록해 두자. 또 간단한 구절이나 문장 몇 개로 변화 내용을 요약하자. 목표를 달성하고 보다 효과적으로 일하기 위해 무엇을 어떻게 바꿀지를 적는 것이다. 경영관리팀을 넘어 전 조직이 이 목표를 이해하고 참여의지를 다질 수 있도록 이 문서를 반복적으로 보여주고 함께 논의해야 한다. 리더 스스로 목표의 정당성을 확신한다면 보다 적극적으로 직원들을 자극하여 목표를 달성하도록 해야 한다.

앞을 내다보라

이제 당신의 머릿속에는 평범하고 단순한 실행의 그림이 들어있을 것이다.

>> 목표를 달성하는 '실행 12단계'
>> 단기 목표의 소규모 혁신 프로젝트를 이용해 업무 속도를 높이고 조직 전반에 실행 역량을 구축한다.
>> 상급 관리자는 조직의 성과를 향상시킬 수 있는 가장 중요한 목표 몇 가지를 정해서 추진한다.

이제 핵심 목표 몇 가지가 당신의 손에 쥐어져 있다면, 이 책의 처음으로 돌아가서 직원들이 목표를 달성하기 위해 '실행 12단계'를 활용하도록 돕자. 여러 개의 작은 성공을 발판으로 삼아 점점 더 큰 목표로 옮겨가자. 한 단계씩, 한 분기씩, 한 해씩 차근차근 해나가면 조직의 실적을 보다 빠르고, 쉽고, 효율적으로 개선할 수 있을 것이다. 이것이 바로 우리가 이 책을 통해 말하는 확실하고 단순한 실행의 기술이다.

단계별로 계획을 추진하는 힘
실행력

초판 1쇄 인쇄 2008년 9월 12일
초판 1쇄 발행 2008년 9월 17일

지은이 로버트 네이만
옮긴이 정진욱
펴낸이 박경수
펴낸곳 페가수스

등록번호 제25100-2008-000006호
등록일자 2008년 3월 5일
주소 서울시 광진구 광장동 102 현대골든텔 II 1105호
전화 02-456-7933 **팩스** 02-6442-7933
이메일 soobac@gmail.com

ISBN 978-89-960917-2-1

※잘못된 책은 바꾸어 드립니다.
※책값은 뒤표지에 있습니다.